Who Am I

나는 누구인가
쉽게 읽는 한글판 자랑스런
나의 뿌리

영월 엄씨 이야기
寧越嚴氏

画報로 보는 先祖의 발자취

화보(畵報)로 보는
선조(先祖)의 발자취

畫報로 보는 先祖의 발자취

영월엄씨 뿌리공원 상징조형물

영월엄씨 문중의 번영과 영광을 의미하는 것으로,
하단부는 문중(門中)을 의미하는 '門'을 조형적으로 형상화 한
것이며, 상단부는 인간의 형상으로 우주를 향하여 문중의 무한한
발전과 번영을 표현하였다. 원형은 시조이신 내성군(奈城君)
휘 임의(林義)께서 1,000여 년 전 심으신 영월 하송리의 은행나무를
상징하는 잎으로 정하고, 자손으로 군기공(軍器公), 복야공(僕射公),
문과공(文科公) 3형제와 삼엽(三葉)을 결연하여 동조동근(同祖同根)의
일가 화합과 무궁한 번영을 표현하였다. 색상은 평화를 상징하며
영원불변으로 무궁하고 찬란한 빛으로 이어가는
무시무종(無始無終)의 우주를 상징하고 있다.

畵報로 보는 先祖의 발자취

시조(始祖) 내성군(奈成郡) 임의(林義)의 단소. (강원도 영월군 영월읍 영흥리)

시조(始祖) 내성군(奈成郡) 임의(林義)의 신도비.

畵報로 보는 先祖의 발자취

충의공(忠毅公) 엄흥도(嚴興道)의 묘소. (강원도 영월군 영월읍 팔괴리 산186-1)

충의공(忠毅公) 엄흥도(嚴興道) 기적비(記蹟碑).
(강원도 영월군 영월읍 팔괴리 묘역 내)

6 • 영월(寧越)엄(嚴)씨 이야기

畵報로 보는 先祖의 발자취

엄흥도기념관(嚴興道記念館). (강원도 영월군 영월읍 장릉 옆)

충절의 상(忠節의 像).
엄흥도의 충절을 기린 기념 동상.
(엄흥도기념관 경내)

畵報로 보는 先祖의 발자취

충의공(忠毅公) 정려기(旌閭記).

충의공(忠毅公) 정려비(旌閭碑).

엄흥도(嚴興道) 정려각(旌閭閣).
충의공 엄흥도의 충절을 기리기 위하여 영조대왕의 지시로 세워진 것으로, 원래 영월 다른 곳에 있었으나 허물어질 우려가 있어 1970년에 장릉 경내로 옮겼다. (강원도 영월군 영월읍 장릉 입구)

畵報로 보는 先祖의 발자취

충절사(忠節祠).
단종이 영월로 유배된 후 단종을 위해 목숨을 바친 엄흥도(嚴興道), 추익한(秋益漢), 정사종(鄭嗣宗) 3충신의 영정을 모신 사당이다. 1997년에 건립되었으며, 매년 단종문화제 기간에 제를 올리고 있다. (강원도 영월군 영월읍 영흥10리)

충절사(忠節祠) 본당.

畵報로 보는 先祖의 발자취

충의각과 공적비, 충절의 상 전경.

충의각(忠毅閣).
충의공 엄흥도의 충절을 기리고자 2007년 9월 후손인
엄태우 아시안트레딩 대표이사가 사비를 출연해 충의공의 영정과 비석을 모신 비각,
충절의 상, 공적비를 세워 성역화한 곳이다. (문경시 산북면 내화리)

머리말

《 영월(寧越)엄(嚴)씨 이야기 》

우리 한민족(韓民族)은 세계 어느 나라 어느 민족(民族)과도 비교되는 남다름을 담고 있는 민족이니, 그것은 유구한 역사와 시간 속에서도 한결같이 이어져온 하나의 혈맥(血脈)에서 나오는 자기 정체성과 일체감이 아닐까 합니다.

우리들이 더욱 화목(和睦)하고 단합(團合)하여 국가(國家)와 민족(民族)에 봉사하는 것이야말로 우리들이 이 《영월 엄씨 이야기》를 발간하는 참뜻이라 할 것입니다.

그런 의미에서 본 서책은 영월 엄씨에 관해 체계적으로 정리 한 것으로 족인의식(族人意識)을 자각하고 일족(一族)의 친목(親睦)을 도모하며 조상(祖上)의 뛰어난 행적을 널리 알리고자 하는 목적으로 시대적 요구에 부응하는 가장 적합한 서책이라 할 것입니다.

조상의 행적의 공(功)과 덕(德)이 많음에도 알지 못하면 부지(不知)의 소치이며, 그 공덕(功德)을 알면서도 전(傳)하지 아니하면 불인(不仁)의 소치라 하였습니다.

급변하는 세상을 하루하루 바쁘게 살아오는 동안 오늘날 우리는 너나 할 것 없이 부지불인(不知不仁)을 면하지 못하고 있음을 생각하며 늘 안타까운 마음을 갖고 있던 차에 이렇게 우리의 역사를 성씨별로 읽기 쉽게 정리한 보첩이 발간되어 세상에 나오니 반가운 마음을 금할 수 없습니다.

특히 요즈음 자라나는 새 세대들은 세계사(世界史)나 외국

머리말

위인(偉人)에 대해서는 잘 알면서도 자기(自己)의 가계(家系)나 조상(祖上)들이 이루어 놓은 유사(遺事)에 관하여는 소홀히 하는 경향이 있는데, 이러한 시대적 상황에 처하여 온고지신(溫故知新)의 윤리도덕(倫理道德)으로 새로운 미풍양속(美風良俗)을 승화 발전시켜야 할 책무(責務)가 우리 세대에 요청받고 있으니, 다음 젊은 세대(世代)에게 올바른 윤리도덕(倫理道德)과 씨족(氏族)의 중요성을 일깨워야할 소명(召命)이며 의무(義務)가 아닐 수 없겠습니다.

지금까지의 대부분의 문중 사료와 보첩들은 우리 후손들에게는 너무 어려워서 가까이 하지 못한 점이 늘 안타까웠기에 본 《 영월 엄씨 이야기 》는 남녀노소 모두에게 이해하기 수월하게 구성하여 묶어 내었습니다.

이로써 생활 속에서 보다 가깝고 친근하게 조상(祖上)과 뿌리를 알게 하고 기본적인 예절을 알게 되는 계기가 될 것이라 기대합니다.

그동안 이 보첩의 발간을 위하여 지원하고 노력하여주신 여러 분들에게 진심으로 감사를 드리며, 우리민족의 위대한 발전과 도약을 기원합니다.

2014. 9. 25.
성씨이야기편찬실

| 차 례 |

□ 화보(畵報)로 보는 선조(先祖)의 발자취 / 3
□ 머 리 말 / 11
□ 차   례 / 13
□ 일러두기 / 16

[卷之上]

■ 연원편(淵源篇)

영월엄씨 연원(寧越嚴氏 淵源) ········· 18
　엄씨(嚴氏)의 유래(由來) ········· 18
　시조 엄임의(始祖 嚴林義) ········· 25
영월엄씨 가헌(寧越嚴氏 家憲) ········· 32
　대전 뿌리공원 조형물 ········· 34
본관지 연혁(本貫地 沿革) ········· 36
　주요 세거지(主要 世居地) ········· 39
씨족사 개요(氏族史 槪要) ········· 42
항렬(行列)과 세계(世系) ········· 47
　항렬표(行列表) ········· 47
　세계도(世系圖) ········· 48

■ 인물편(人物篇)

영월엄씨 명현(寧越嚴氏 名賢) ········· 52
　엄태인(嚴太仁) / 52　　　엄개실(嚴介實) / 52
　엄　광(嚴　光) / 52　　　엄익렴(嚴益濂) / 52
　엄수안(嚴守安) / 52　　　엄공근(嚴工瑾) / 57
　엄　비(嚴　庇) / 57　　　엄익겸(嚴益謙) / 58
　엄태사(嚴太師) / 59　　　엄유온(嚴有溫) / 60
　엄　식(嚴　式) / 65　　　엄용도(嚴用度) / 65
　엄이도(嚴以度) / 65　　　엄안도(嚴安度) / 66

엄 간(嚴 幹) / 66
엄효량(嚴孝良) / 108
엄송수(嚴松壽) / 115
엄충정(嚴忠貞) / 117
엄 홍(嚴 泓) / 130
엄인술(嚴仁述) / 132
엄덕록(嚴德祿) / 137
엄 황(嚴 愰) / 142
엄정구(嚴鼎耉) / 146
엄찬공(嚴纉公) / 156
엄경중(嚴敬重) / 157
엄경수(嚴慶遂) / 158
엄한중(嚴漢重) / 167
엄 류(嚴 緰) / 174
엄계흥(嚴啓興) / 175
엄 우(嚴 瑀) / 176
엄치욱(嚴致郁) / 177
엄 기(嚴 耆) / 177
엄석정(嚴錫鼎) / 177
엄세영(嚴世永) / 178
엄주익(嚴柱益) / 179
엄달하(嚴達河) / 181
엄순헌귀비(嚴純獻貴妃) / 182

엄홍도(嚴興道) / 68
엄산수(嚴山壽) / 113
엄용순(嚴用順) / 116
엄 흔(嚴 昕) / 119
엄 현(嚴 眩) / 131
엄유윤(嚴惟尹) / 133
엄 성(嚴 惺) / 138
엄민도(嚴敏道) / 145
엄 즙(嚴 緝) / 151
엄 윤(嚴 綸) / 156
엄경운(嚴慶運) / 157
엄경하(嚴慶遐) / 164
엄한붕(嚴漢朋) / 168
엄 숙(嚴 璹) / 175
엄계응(嚴啓應) / 175
엄사만(嚴思晩) / 176
엄 도(嚴 燾) / 177
엄돈영(嚴敎永) / 177
엄 질(嚴 瓆) / 178
엄홍묵(嚴興黙) / 179
엄성용(嚴成鏞) / 180
엄종열(嚴鍾烈) / 181

영월엄씨 문과급제자(寧越嚴氏 文科及第者) ··············· **187**
영월엄씨 독립운동가(寧越嚴氏 獨立運動家) ··············· **193**

엄건섭(嚴建燮) / 193
엄관수(嚴寬洙) / 193
엄기환(嚴基桓) / 194
엄길영(嚴吉永) / 194
엄도해(嚴道海) / 195
엄무영(嚴武永) / 196
엄송여(嚴松汝) / 196
엄순영(嚴淳永) / 197
엄용복(嚴龍福) / 198
엄윤식(嚴允植) / 198
엄익근(嚴益根) / 199
엄일봉(嚴日峰) / 200
엄재향(嚴載享) / 200

엄경섭(嚴敬燮) / 193
엄기중(嚴基重) / 194
엄대만(嚴大萬) / 194
엄대성(嚴大成) / 195
엄동섭(嚴東燮) / 195
엄성훈(嚴成勳) / 196
엄순봉(嚴舜奉) / 197
엄승도(嚴承道) / 198
엄유섭(嚴悠燮) / 198
엄윤영(嚴允榮) / 199
엄인섭(嚴仁燮) / 199
엄일우(嚴一友) / 200
엄정섭(嚴正燮) / 201

엄정운(嚴廷勳) / 201
엄주신(嚴柱信) / 202
엄주태(嚴柱泰) / 202
엄 준(嚴 俊) / 203
엄준섭(嚴俊燮) / 204
엄창섭(嚴昌燮) / 204
엄춘섭(嚴春燮) / 205
엄태식(嚴兌植) / 206
엄항해(嚴恒海) / 206
엄홍규(嚴弘奎) / 207

엄주동(嚴柱東) / 201
엄주련(嚴柱璉) / 202
엄주필(嚴柱弼) / 203
엄 준(嚴 俊) / 204
엄진영(嚴進永) / 204
엄창수(嚴昌樹) / 205
엄치인(嚴致仁) / 205
엄항섭(嚴恒燮) / 206
엄항윤(嚴海潤) / 206

일러두기

1. 이 책은 전통적인 족보(族譜)와 보첩(譜帖)의 체제에서 벗어나 선조(先祖)들의 구체적인 행적(行蹟)에 대해 일반인들과 젊은 세대(世代)가 쉽게 보고 이해할 수 있도록 하는 것에 주된 방향을 맞추어 편찬하였습니다. 때문에 어려운 한문체(漢文體)의 내용이나 중복되는 내용이 많은 것은 배제하였습니다.

2. 본 보첩(譜諜) 편찬의 근본정신은 오랜 역사를 거쳐 오면서 유실된 사료(史料)와 각 씨족별로 나타나는 복잡하고 많은 이설(異說) 등의 다양한 견해(見解)를 모두 반영하기 보다는 자라나는 어린 후손들에게 보다 쉽고 친근하게 선조의 씨족사를 이야기하고 선조의 발자취를 보여줌으로써 자긍심을 키우고 미래를 밝혀줄 바른 정신을 전하고자 하는데 있음을 밝혀둡니다.

3. 본 서(書)는 각 성씨별, 관향별 종친회(宗親會)와 그 외 각 지파(支派)에서 발간해온 보첩과 자료를 주로 참고하였으며, 일반 서적과 사전류에 수록된 내용들도 발췌 정리하여 엮음으로써 가능한 한 많은 내용을 담도록 노력하였습니다.

4. 수록된 관향의 순서는 가나다순(順)으로 하였으나 편집의 편의상 선후가 바뀔 수도 있음에 양해를 구하며, 인물의 경우 계대를 따르는 것을 원칙으로 하였으나 여의치 않을 경우 대략적인 활동 연대순을 따랐습니다.

5. 각 본관별(本貫別) 내용 구성은 먼저 주요 선조의 유적 유물 사진을 수록하고, 연원(淵源)과 씨족사(氏族史), 세계(世系)과 행렬(行列) 등을 한눈에 이해하기 쉽게 정리하고, 그리고 역대 주요 명현(名賢)의 생애와 업적을 이해하기 쉬운 약전(略傳) 형식으로 수록하였습니다.

6. 수록한 내용과 인물들은 삼국유사 《三國遺事》, 삼국사기 《三國史記》, 고려사 《高麗史》, 조선왕조실록 《朝鮮王朝實錄》, 고려 공신전 《高麗功臣傳》, 국조방목 《國朝榜目》 등의 일반 사료(史料)의 기록을 기반으로 하여 각 성씨별 문중(門中)에서 발행한의 보첩에 나타나 있는 명현(名賢)을 망라하였으나 자료의 미비로 부득이 누락된 분들은 다음 기회에 보완 개정하고자 합니다.

연원편 淵源篇

영월엄씨 연원(寧越嚴氏 淵源)

엄씨(嚴氏)의 유래(由來)

　영월엄씨(寧越嚴氏)는 원래 단일본(單一本)이며 시조(始祖) 임의공(林義公)의 자손이다. 그런데 중국에서 동래한 시조의 엄씨성(嚴氏姓)은 원래(元來) 장씨(莊氏)였다. 지금으로부터 1965년 전인 45년에 엄씨(嚴氏)로 개성(改姓)되었다는 사실(事實)이 역사(歷史)로 남아있는데, 『중국엄씨세가문헌지(中國嚴氏世家文獻誌)』에는 다음과 같이 기록하고 있다.

　엄씨(嚴氏)의 본성(本姓)은 장씨(莊氏)이며 그 선대(先代)는 송인(宋人)으로서 즉 미자계(微子啓)의 후손(後孫)이다.

　송오공(宋五公)의 자손이 재공, 무공(武公), 선공(宣公), 목공(穆公), 장공(莊公)인데, 그 후손이 각각 그 시호로 본씨(本氏 : 姓氏)를 삼았다.

　『풍속통(風俗通)』에 이르기를 "대개 성(姓)은 9종의 원류(源流)가 있는데 어떤 성씨(姓氏)는 시호(諡號)로서 삼은 것이다. 장씨(莊氏) 후예인 사성공(司城公) 손사(孫師)와 우어(右御 : 官職名) 장유는 모두 제실(諸室)의 대종(大宗)이다. 환후세대(桓侯世代)에 이르러 첨원수(添園叟) 장주(莊周)는 역시 송(宋)의 몽현(夢縣) 사람으로 자하(子夏)의 문인전자방(門人田子房)에게서

연원(淵源)과 세계(世系)

수업하고 그뒤 조주 남화산(曹州南華山)에 숨어살며 남화경(南華經)을 저술했다. 후한(後漢) 때에 이르러 명제(明帝)의 휘를 피해 장씨(莊氏)를 고쳐 엄씨(嚴氏)로 사성(賜姓)한 이후로 마침내 엄씨(嚴氏)는 옛 성(姓 : 莊氏)으로 복구하지 못했다. 또한 여홍사(如鴻史) 군평전(君平傳)은 장주(莊周)를 엄주(嚴周)라 개서(改書)하였고, 한서(漢書)의 식화지(殖貨志)는 장조(莊助)를 엄조(嚴助)라 개서(改書)한 것은 이와 같이 된 일이다. 엄씨현류(嚴氏賢流)의 개략(槪略)의 역사(歷史)는 그 성씨(姓氏)의 시원(始源)이 곧 송오족(宋五族)의 장씨(莊氏)임이 명백하다." 고 하였다.

 이상과 같이 장씨(莊氏)가 엄씨(嚴氏)로 개성(改姓)하게 된 것은 후한(後漢)을 재건한 광무제(光武帝)의 아들인 명제(明帝) 때의 일이다. 『중국송대정사(中國宋代正史)』에 의하면 전한(前漢)이 쇠망한 후 후한(後漢)을 다시 일으킨 유수(劉秀)는 지금의 중국호북지방(中國湖北地方)의 남양군남양현춘릉향(南陽郡南陽縣春陵鄉)의 호족(豪族)이었습니다. 유수(劉秀 : 字 文叔)는 소시(少時)에 장안(長安)에서 수학할 때 여요인(余姚人) 장광(莊光 : 후일의 엄광)과 함께 공부한 동문이었다. 한고조(漢高祖)의 9세손인 유수(劉秀)는 한실(漢室)이 혼란에 빠져 군웅(群雄)이 봉기할 때인 22년에 형인 연(縯)과 함께 기병(起兵)하여 왕망(王莽)을 쳐부수고 족형 유현(劉玄)을 경시제(更始帝)로 삼아 그 부장(部將)이 되고 24년에 장안(長安)으로 천도하였다가 25년에 유현(劉玄)을 물리치고 호(鄗 : 지금의 하북성 자향현)에서 제위

(帝位)에 올라 광무제(光武帝)라 칭하고 후한(後漢) 제1대 황제가 되었다.

유수(劉秀)가 제위에 오르자 장광(엄자능)선생은 변성명(變姓名)하고 초야(草野)에 은거하였습니다. 그러나 자능 선생(子陵先生)이 학자고 현달함을 알고 있는 광무제(光武帝)는 그 행방을 물색하였는데 얼마 후 제(齊)나라에서 양피(羊皮)옷을 걸치고 택지(澤池)에서 낚시질하는 한 남자가 있다는 상계(上啓)를 받았다. 광무제(光武帝)는 곧 사자(使者)를 보내 초빙하였으나 응하지 않다가 3차 만에야 거가(車駕)로 빈관(賓館)에 이른 자능 선생(子陵先生)은 곧 침상에 들고 일어나지 않았다 합니다. 이에 광무제는 자능선생의 침소를 몸소 찾아가서 누어있는 자능 선생의 배를 쓰다듬으며, "아! 이사람 자능(子陵), 이제 우리 서로 조력함이 어떠한가!" 하고 마침내 옛날처럼 왕도(王道)를 논하며 광무제도 자능 선생과 함께 침상에 누우니 옛 습성대로 자능 선생은 광무제의 배 위에 한발을 걸치고 잠을 잤다 한다. 다음날 태사(太史)가 황제에게 객성(客星)이 권좌를 범하였으니 위급하다고 고하자, 광무제는 크게 웃으며 "짐과 옛 친지 자능(子陵)이 함께 기침했느니라." 하였다 한다.

광무제는 즉시 자능 선생을 간의대부(諫議大夫)에 제수했으나 자능 선생은 끝내 응하지 않고 부춘산(副春山)에 들어가 농사를 지으며 지내다가 80여세에 서거하였다고 한다. 후세 사람들은 자능 선생이 낚시질하던 곳을 엄능뢰(嚴陵瀨)라 칭하고 그 자리에 사당(祠堂)을 세워 '엄자능사당(嚴子陵祠堂)'이라 하였다.

연원(淵源)과 세계(世系)

　그런데 선무제(先武帝)는 제위에 오르기 전에 아내를 취하려면 여관음려화(女官陰麗華)와 같은 미인을 얻고 싶다고 했다 합니다. 제위에 오른 광무제는 뜻대로 여관음려화(女官陰麗華)와 결혼하고 아들 양(陽)을 낳았습니다. 광무제는 아들 양(陽)이 총명함을 알고 서기 41년에 전실 곽황후(郭皇后)를 폐(廢)한 다음 음려화(陰麗華)를 황후로 삼고 그의 소생인 양(陽)을 황태자(皇太子)로 책봉하면서 그 이름을 장(莊)으로 개명하였다. 4년 후 45년에 광무제가 죽고 황태자 장이 즉위하니 곧 명제(明帝)다.

　한조(漢朝)는 명제의 휘 장(莊)을 피하여 모든 장씨 성은 폐하고 장(莊)과 뜻이 같은 엄씨(嚴氏)로 개성하게 하였습니다. 이후로 역사상 유명한 전한(前漢) 무제 때의 승상 장청적(莊靑翟), 도학자 장조(莊助) 대학자 장광(莊光 : 子陵先生) 등이 그 생시의 성(姓)은 장씨인데 사관이 그 성(姓)을 엄씨(嚴氏)로 개성한 것이다. 중국 역사상 한때 대능(大陵)을 지배한 바 있는 9성중의 하나인 장씨(莊氏) 성은 이렇게 하여 후한명제 이후 엄씨(嚴氏)로 개성된 것이다. 후한을 세운 광무제는 간의대부를 제수하며 정사를 보필해 주기를 거절한 옛동문인 장자능선생(莊子陵先生)의 성(姓)을 없애기 위해서 짐짓 그 아들 황태자의 이름을 장(莊)으로 개명(改名)하는 무서운 권세를 부렸는지도 모를 일이다. 우리 나라 엄씨의 시조인 엄임의(嚴林義)도 곧 엄자능 선생(嚴子陵先生)의 후예라고 한다.

연원편(淵源篇)

엄씨당천보년간내동설(嚴氏唐天寶年間來東說)

엄씨득성(嚴氏得姓)에 관한 최초의 기술(記述)은 1748년(영조 24)에 발간된 무진보(戊辰譜)이다. 무진보(戊辰譜) 수권(首卷) 소식란(小識欄)은 "엄씨득성(嚴氏得姓)은 어느 세대에 비롯되었는지 알 수 없다.(嚴氏得姓不知始於何世)"라 하고, "오래 간직된 초보(草譜)를 보면 그 소제(小題)에서 종인 군수 홍씨(宗人郡守泓氏 : 16세손 文川公)가 그의 가보서문(家譜序文)에 '당나라 천보년간(天寶年間)에 파락사(坡樂使)로 엄씨(嚴氏)를 상개(上价 : 大使)로 신씨(辛氏)를 부(副 : 副大使)로 삼아 동으로 왔으며 영월(寧越)에 머물고 돌아가지 않았다.(唐天寶年間以坡樂使來東而嚴氏爲上价辛氏爲副仍居寧越不皈云)'고 하였다. 이는 그 당시에 반드시 근거가 있었을 것인데 지금은 고증(考証)할 수 없다. 그 서문전편(序文全篇)를 구(求)해 보고자 하나 공의 후손이 역시 간수하지 못하였으니 한스럽다."고 기술하고 있다.

엄씨득성(嚴氏得姓)과 관련되는 기록은 우리 엄씨(嚴氏) 무진보(戊辰譜)보다 105년 후인 1851년(철종 2) 신해(辛亥)에 발간된 『영월신씨족보(寧越辛氏族譜)』에 있다. 그 신씨득성록(辛氏得姓錄)에 의하면 "당(唐)나라 천보년간(天寶年間)에 신시랑(辛侍郎)과 엄시랑(嚴侍郎)이 사신(使臣)으로 신라(新羅)에 와서 유관(留官)하여 악장(樂章)을 전파(傳波)했는데 그 명은 전하지 않는다.(唐天寶年間辛侍郎與嚴侍郎奉使來新羅因留官波斯樂名不傳)" 하고 있다.

그런데 그 주기(注記)에 "세기급동사(世紀及東史)를 보면 엄문천홍(嚴門川泓)이 그의 가보서문(家譜序文)에 쓴 것"이라 하여 그 출처가 우리의 무진보소식(戊辰譜小識)과 같은 것임을 알 수 있다.

16세손 홍(泓)은 1543년(중종 38) 17세 때 호방(虎榜)에 오르고 문천(文川) 현풍(玄風) 등 여러 곳의 군수(郡守)를 역임하였으며 임진왜란 때는 현풍(玄風)에서 60여 세의 고령으로 의병장을 지낸 문신이다. 또한 『무진보(戊辰譜)』를 다년간 주관(主管)한 21세손 칠휴당(七休堂) 경연(慶延)은 부승지(副承旨) 경하(慶遐)의 아우며 문천공(文川公)은 바로 5대조가 되는데 그 기록을 확인하지 못했다. 그래서 『무진보(戊辰譜)』 이후 127년이 지난 1875년(고종 12)에 발행된 을해보(乙亥譜)도 엄씨득성(嚴氏得姓)에 대해서는 『무진보(戊辰譜)』와 꼭 같은 기사(記事)를 그 수권 소식란(首券小識欄)에 전하고 있다.

1933년에 3차로 발간된 『영월엄씨세보(寧越嚴氏世譜)』즉『계유보(癸酉譜)』는 시조 임의공(林義)의 방주(傍註)에 "戶部員外郎唐天寶年間以坡樂使來東而嚴氏爲上价辛氏爲副仍居寧越不返云"이라 하여 문천공(文川公)의 초보서문(草譜序文)을 아무런 주석도 없이 정설(定說)로 기록 하였다. 그후 이에 대한 반론이 있은 듯 1962년에 발행된 제4차 『영월엄씨족보(寧越嚴氏族譜)』즉 임인보(壬寅譜)는 공의(公議)에 따라서 시조 임의(林義)의 방주(傍註)에 "文川郡守泓家兼小識에서 말한 '嚴之先以唐天寶年間始入東國時嚴氏爲上价辛氏爲副价仍居寧越不返' 운운(云云)은 호부공(戶部公) 이상의 세대를 지칭한 것이다. 만약 이 설이 호부공(戶部公)을 지칭한 것이라면 그 세대가 부합되지 아니한다. 그러므로 이제부터 구태여 『계유보(癸酉譜)』의 주록(註錄)을 따르지 아니한다."고 해명하였다. 그리고 가장 최근인 1979년에 발행된 『영월엄씨대동보(寧越嚴氏大同譜)』의 시조 임의공 난방주(始祖林義公欄傍註)도 『임인보(壬寅譜)』와 같은 내용을 기재하고 있다.

그런데 전기(前記) 문천공(文川公)이 말한 당천보년간(唐天寶年間 : 742~755)은 우리나라의 신라 35대 경덕왕(景德王 : 742~755)에 해당되며 그 당시 신라와 당나라 간에는 연호 균(年乎均)

이삼 회씩 사신(使臣)이 내왕한 기록이 있다. 그러나 그 성씨는 많지 않고 엄씨(嚴氏)는 나타나지 않는다. 가령 엄씨가 다녀갔다 해도 그 세대 격차로 보아서 시조 임의(林義)가 아닌 것은 분명하다.

우리나라 역사상 그리고 족보상의 실존 인물인 시조(始祖)의 11세손 유온(有溫)은 1392년에 이성계(李成桂)의 조선 개국 때의 원종개국공신(原從開國功臣)이며, 1418년(세종 즉위년)에 오위도총부좌군동지총제(五衛都摠府左軍同知摠制)였다. 만약 총제공(摠制公) 이상 시조 10대조까지를 소급 추산할 경우 그 연대는 250~300년 내외이며 이는 고려 중기초로 추정되고 신라 경덕왕대까지는 300~350년간의 격차가 있게 되어 시조 임의(林義)와 그 연대가 부합되지 않음을 알 수 있다.

우리 역사상 시조 임의(林義) 이전에 엄씨성(嚴氏姓)이 없었던 것은 아니다. 『삼국유사(三國遺事)』에 보면 신라 30대 문무왕(文武王) 때에 경주 남산(南山)에 사는 승려 엄장(嚴莊)은 원효대사(元曉大師)에게서 갑관법(鉀觀法)을 배워 득도했다는 기사가 있는데, 이것은 도승명(道僧名)이고 성씨와는 무관한 듯하며 경덕왕대보다 74년 전의 일이다.

또한 『고려사(高麗史)』의 왕건 태조 13조에는 "가을 8월에 대목군(大木郡 : 지금의 목천)에 행차하여 동서두솔(東西兜率)을 합하여 '천안부(天安府)'라 하고 도독(都督)을 두었으며 대승제궁(大丞弟弓)으로 사(使)를 삼고 원보 엄식(元甫 嚴式)으로 부사(副使)를 삼았다. 추팔월 행대목군 합동서두솔 위천안부 치도독 이대승제궁위사 원보엄식위부사(秋八月 幸大木郡 合東西兜率 爲天安府 置都督 以大丞諸弓爲使 元甫嚴式爲副使)"라는 기록이 있다.

그리고 『동사강목(東史綱目)』에는 "가을에 고려(高麗)가 천안도독부(天安都督府)를 두었다. 고려왕(高麗王)이 대목군(大木郡)에 행행(幸行)하였다. 술사예방(術使倪方)이 이르기를 '동서두솔(東西兜率 : 지금의 천안(天安)이 삼국(三國)의 중심이 되니 다섯 용(龍)이 구슬을 다투는 땅입니다. 만약 성루(城壘)를 쌓고 관병(觀兵)하면 삼국을 통일하여 왕이 될 것입니다.'하니 고려왕(高麗王)이 이 말을 따랐다. 또한 그곳은 남도(南道)의 요회(要會)이므로 이에 탕정(湯井), 대목(大木), 사산(蛇山)으로 나누어 천안부(天安府)를 삼아 도독(都督)을 주었으며 대승제궁(大丞弟弓)를 사(使)로 원보엄식(元甫嚴式)을 부사(副使)로 삼았다."고 기술하고 있다.

신라를 통합한 고려 태조 왕건은 각 군읍(郡邑)을 통할하기 위하여 태조 23년 경에 중국식(中國式)의 한자성(漢子姓)을 많이 사성(賜姓)하여 각지역의 책임자로 임명하였다. 그렇다면 왕건(王建)과 함께 고려 건국에 참여한 원보(元甫 : 4품)벼슬의 엄식(嚴式)은 사성(賜姓)하기 전이어서 외래성(外來姓)으로 추정되며 그렇다고 하더라도 그 연대의 격차로 보아 당천보년간(唐天寶年間)에 왔다는 엄씨와 어떠한 관련이 있는지 알 수 없고 시조 임의(林義)의 선계(先系) 여부에 대한 고증은 더욱 어려운 실정이다.

시조 엄임의(始祖 嚴林義)

시조는 임의(林義)로 고려조에 호부원외랑(戶部員外郎)을 지냈으며 내성군(奈城君)에 봉해졌다. 『기미보(己未譜)』에서는, "시조 임의(林義)는 본래 중국 후한 초기(後漢初期 : 27~220)의 저명한 학자이신 엄자능(嚴子陵)의 후손으로 당(唐)나라의 현종(玄宗)이 새로운 악장(樂章)을 만들어 여러 나라에 전파할 때 임의(林義)를 정사(正使)로, 영월신씨(寧越辛氏)의 시조인 신시랑(辛侍郞)을 부사(副使)로 파견하여 우리나라에 왔다"고 기록하고 있다.

당시는 통일신라시대로 당(唐) 본국에 정변이 일어난 것을 알고서 돌아가지 않고 그 뒤 지금의 영월(寧越) 땅인 내성군(奈城郡) 행향(杏享)에 눌러 살게 되니 영월엄씨(寧越嚴氏)의 시조가 되었다. 그 후에 고려에서 공에게 내성군(奈成郡)에 추봉하니 후손들이 영월(寧越)은 본관(本貫)으로 삼게 되었다.

임의(林義)에게 세 아들이 있었는데, 큰 아들은 태인(太仁), 둘째 아들은 덕인(德仁), 셋째 아들은 처인(處仁)이다. 태인(太仁)은 고려조에서 검교군기감윤(檢校軍器監尹)벼슬을 지내 그 후손을 '군기공파(軍器公派)'라 하고, 둘째 아들 덕인(德仁)의 증손자(曾孫子) 광(光)이 상서좌복야(尙書左僕射)벼슬을 지내 그 후손을 복야공파(僕射公派)라 하며, 셋째 아들 처인(處仁)은 문과(文科) 벼슬을 지내 그 후손을 문과공파(文科公派)라 하여 크게 세 분파의 계통을 이루게 되었다.

이 삼파(三派)의 후손들은 그 자손이 크게 번성하면서 다시 여러 갈래로 분계(分系)되어 오늘날 42계(系)로 나뉘고 15만 명에 이르는 커다란 씨족(氏族)을 형성하기에 이르렀다.

시조(始祖) 임의(林義) 이래 30여 세(世)를 연면히 계승하여 오는 동안 엄문(嚴門)의 후손들은 고려조와 조선조(朝鮮朝), 그리고 오늘날에 이르기까지 조야(朝野)에서 현관(顯官)과 현사(賢士)들이 수없이 배출하였다.

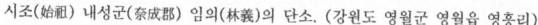

연원(淵源)과 세계(世系)

시조(始祖) 내성군(奈成郡) 임의(林義)의 단소. (강원도 영월군 영월읍 영흥리)

시조 영월(寧越)에 대대(代代)로 정주(定住)해온 영월엄씨(寧越嚴氏)의 선영(先塋)은 영월읍(寧越邑)의 북쪽 5리에 있는 동을지(冬乙旨)였다. 그런데 1457년(세조 2)에 세조가 왕위를 찬탈하고 어린 조카 노산군(魯山君)을 영월(寧越)에 유배했다가 사사(賜死)하자 그 시신을 영월호장(寧越戶長)인 12세손 흥도(興道)가 선산(先山)에 염장(殮葬)하였다. 그후 242년 만인 1699년(숙종 25)에 노산군묘(魯山君墓)가 장릉(莊陵)으로 추봉(追封)될 때 이곳에 모셨던 시조(始祖)와 10세조까지의 묘소와 표의물(表儀物) 등이 모두 실전(失傳)되었다. 그 이래로 수백 년 동안 유택(幽宅)을 잃은 조상의 고혼(孤魂)에 제향(祭享)을 올리지도 못하는 유한(遺恨)은 이루 말할 수 없던 중, 1965년에 영월(寧越)의 병언공(秉彦)을 중심으로 대종(大宗)의 찬의(贊意)를 얻어 영

연원편(淵源篇)

흥리(永興里) 동쪽 산에 시조(始祖)의 묘역을 봉축하였고, 1970년에 병길(秉吉) 강원도지사(江原道知事)가 신도비(神道碑)를 건립하였다. 그리고 1990년에 묘성(墓城)을 새로이 장려하게 중수(重修)하고 실전(失傳)된 10세조까지의 단소(壇所)를 병설(倂設)하였다.

시조종성군신도비명(始祖宗城君神道碑銘)

우리 엄씨(嚴氏)는 본래 중국의 저명한 성씨로써 고려 때 호부원외랑(戶部員外郞)이신 휘(諱) 임의(林義) 어른이 계셨으니 한(漢)나라 부양(富陽 : 嚴子陵先生)의 후예(后裔)요, 당(唐)나라 때 화음(華陰 : 靑翟相國)의 일가이십니다. 파락사(坡樂使)의 상개((上介 : 大使)라는 임무를 띄시고 고려국(高麗國)에 오시니 나라에서 종성군(宗城君)에 봉(封)하였다. 이어 영월(寧越)에 안주(安住)하시게 되므로 이에 영월(寧越)로 본관(本貫)을 삼게 된 것입니다. 산천문물(山川文物)이 모두 그 어른의 식읍(食邑)이 되었으며 슬하에 세 분 아드님을 두셨으니, 맏 어른은 태 인(太仁)으로 검교군기감윤(檢校軍器監尹)을 지내시고, 둘째 어른은 덕 인(德仁)이며, 막내 어른은 처인(處仁)로 문과(文科)에 오르셨나니 이 세 분 어른들이 상계(上系)의 삼파(三派)를 이루게 된 것입니다.

그 후 천여 년 동안 내려오면서 벼슬하신 분과 명망 높은 분들이 계속해서 나오심에 여기에 일일이 매거(枚擧)할 수 없으나 5세손에 중훈대부(中訓大夫) 사농경(司農卿) 공유(公裕) 어른과 은자광록대부(銀紫光祿大夫) 상서좌복사(尙書左僕射)이신 광(光) 어른과 11세손인 이조개국공신(李朝開國功臣) 가선대부(嘉善大夫) 좌군도총제부(左軍都總制府) 동지총제(同知總制)이신 유온(有溫) 같으신 어른들이 대개 후손 중 현저한 분들이십니다. 자손들이 번성하여 만(萬)으로 헤아릴 수 있으니 이 어찌 부군(府君)이 선(善)을 쌓고 덕(德)을 끼치신 여경(餘慶)이 아니겠습니까.

2세조에서 10세조를 모신 선조 단소(壇所).

부군(府君)께서 동(東)으로 오신 이전의 일은 가히 상고할만한 문헌이 없으므로 구차하게 말씀드리지 않으나 입국하신 이후의 일은 상전(桑田)이 벽해(碧海)가 되는 듯이 변화가 심하였던 그 기나긴 세월동안 필설(筆舌)과 형용(形容)으로 이루 다 헤아릴 수 없는 앙화(殃禍)를 당하므로 인하여 부군(府君) 10대의 묘소(墓所)와 배위(配位)의 씨봉(氏封)조차 전하는 바 없으니 아! 슬프다. 장능(莊陵)의 피맺힌 원한은 시원히 풀리었으니 이는 나라의 경사(慶事)에는 다행한 일이오되 우리 선조의 묘소는 수해(受害)가 막심하니 부군(府君)의 숭고한 덕업과 여러 대에 내려오던 사적(事蹟)들이 응당 옛 비석에는 소상히 기록되어 있으련만 어느 골짜기 어느 땅속에 묻여 있는지 알지 못하니 후손들이 뼈에 사무친 한이

연원편(淵源篇)

야 어찌 다 말을 하리오. 세월이 바뀜에 따라 쓸고 닦고 살필 묘성을 잃었으니 제향(祭享)을 받들어 우러러 흠모할 곳조차 없고 유구한 세월만 덧없이 흘렀으니 숭조(崇祖)의 본의(本意)가 아니며 자손의 도리(道理)를 다하지 못하도다.

지난 을사년(乙巳年) 가을 25세손 병언(秉彦)이 바야흐로 종사(宗事)를 계획함에 있어 대종(大宗) 뭇사람의 의론(議論)을 모아 성(誠)과 힘을 다하여 이 성원(聖原)에 제단(祭壇)을 신축하여 오르락내리락하시며 흠향(欽饗)하실 의범(儀範)을 표(表)하게 되니 비록 만시지탄(晚時之歎 : 너무 때가 지나 탄식하는 것)은 면키 어려우나 늦게나마 다행한 일이로다. 그러나 겨우 제향(祭享)할 곳은 이룩하였지만 사적(事蹟)을 기록하여 자손만대 영원히 보존될 비석과 정결하게 묘도(墓道)를 장식할 역사(役事)가 남았으니 이 또한 너무 천연할 수 없는 일인 고로 때마침 후손인 병길(秉吉)이 강원도지사로 재임중이라 특히 그는 효심이 두터워 열(熱)과 성(誠)을 다함에 힘입어 자종(諸宗)들의 협찬을 얻어서 드디어 오늘의 장거(壯擧)를 보게 되었읍니다. 이제 현각(顯刻)을 함에 있어 불초(不肖) 감히 천여 년의 사적(事蹟)을 기술함에 즈음하여 글은 고인(古人)에 미치지 못하나 다만 정성만은 타손에 아래가지 않으므로 삼가 듣고 본 것을 차례로 엮어서 그 아름다움을 후세에 밝히게 되니 사모의 정 더욱 더합니다.

방자함을 무릅쓰고 명(銘)하여 가로되 경건히 생각해보건대, 우리 조상은 중국의 구신(舊臣)으로 대사(大使)의 임무를 띄시고 동(東)으로 오셨으니 내성(柰城)의 손님이시니 채읍(采邑)의 한 고을에 문물이 스스로 새로와 졌도다. 변화무쌍한 그 기나긴 세월 속에 선대의 덕업을 잃고 묘도(墓道)의 옛 자취를 가히 물을만한 곳이 없으니 이제 높은 언덕 위에 단(壇)을 베풀고 비석을 세우니

거북머리 이심이발이 벌안을 빛내도다.

  찬연하다, 천만 년 길이길이 향기롭게 보전하리라. 융성한 덕과 여음(餘蔭)으로 자손들이 수천수만으로 번성하여 길이길이 아름다움을 거듭하니 그 보(報)가 하늘에 있도다. 명(銘)이라 하지 않고 지(誌)로 하여 뒷날의 어진 이들에게 고하는 바입니다.

              대한광복후(大韓光復後) 경술년(庚戌年) 2월 일
              부군후 24세손 강원도지사 병길(秉吉)은 삼가 세움

연원편(淵源篇)

영월엄씨 가헌(寧越嚴氏 家憲)

"위선피화 오소감심(爲善被禍吾所甘心)"

영월엄문(寧越嚴門)의 가헌(家憲)은 좋은 일을 하고도 화를 당한다면 달게 받겠다는 뜻을 담고 있는 "위선피화 오소감심(爲善被禍吾所甘心)"이다.

이는 어린 왕 단종(端宗)에게 바친 충절로 보복의 칼날 앞에 서더라도 결코 두려워 않겠다고 하였던 12세손 흥도(興道)의 유훈(遺訓)이 그대로 문중의 정신으로 이어지게 되었다.

"까마귀 밥이 되도록 강가에 버려진 단종(端宗)의 시신(屍身)

충의공엄흥도기념관 내 기념비.

에 누구라도 손을 대면 3족(族)을 멸한다."는 어명이 내려져 있는 상황에서 당시 영월(寧越)의 호장(戶長)이었던 충의공(忠毅公) 흥도(興道)는 서릿발 같은 엄명이 자신은 물론 일족의 목숨을 노리고 있는 줄을 알면서도 거적에 싸인 구왕(舊王)의 시신을 수습하여 동을지산(冬乙旨山 : 현재 단종의 묘가 있는 장릉)에 염장(殮葬)했다. 그리고 어린 핏줄 하나에 여생을 의지하여 성을 갈고 영남(嶺南) 지방으로 떠나버렸다.

현종(顯宗)에 이르러 단종(端宗)의 무덤이 봉릉(封陵)되고 우암(尤庵) 송시열(宋時烈)의 건의로 단종(端宗)의 주검을 수습했던 옛사람을 찾았으나 엄씨들은 재난이 닥칠까 두려워 입을 다물었다. 심지어 가문의 족적을 적어둔 문적(門籍)까지 없애고 더욱 깊은 곳으로 숨어들었다.

더구나 단종(端宗) 묘역에 선영이 있던 엄(嚴)씨들은 단종의 묘가 능으로 추봉(追封)되면서 사방 5리 안에 있는 개인 묘를 모두 이장하라는 어명이 내려지자 선영까지 포기해야 하는 운명을 맞게 되었다. 이러한 연유로 인하여 오늘에 이르러서도 후손들은 10세조까지의 묘를 모두 실전(失傳)한 아픔을 겪게 되었다.

그후 흥도(興道)의 충절과 인륜의 도가 알려진 것은 영조(英祖) 때이며, 순조(純祖)에 이르러서야 충의공(忠毅公)이란 시호가 내려지고, 사육신과 더불어 영월(寧越)의 창절사(彰節祠)에 배향되었다.

대전 뿌리공원 조형물

영월엄씨는 호부원외랑(戶部員外郞)으로 고려조에서 내성군(奈城君)에 봉해지면서 영월(寧越)을 식읍(食邑)으로 받아 그 땅 행정(杏亭)에 정착한 임의(林義)를 시조로 모심으로써 엄문(嚴門)의 본관(本貫)이 되었다. 당시 임의공께서 심었다고 전해지는 은행나무(천연기념물 제76호)는 이후 천년의 세월을 간직한 채 지금도 의연히 서 있다. 임의(林義)는 세 아들을 두었는데 첫째 태인(太仁)은 검교군기감윤(檢校軍器監尹)벼슬로 군기공파(軍器公派) 아래로 13공계, 둘째 덕인(德仁)은 복야벼슬로 복야공파(僕射公派)아래로 28공계, 셋째 처인(處仁)은 문과(文科)벼슬로 문과공파(文科公派)아래에 단일공계로 3공파 42공계의 자손들로 형성되어 있다. 고려조의 수안공(守安公) 태사공(太師公) 등 많은 현조(顯祖)에 이어 11세손인 유온(有溫)은 조선조의 개국공신이고 시조로부터 12세손인 충신 흥도(興道)는 영월 동강에 버려져 있는 단종의 시신을 수습하여 삼족형의 위험을 무릅쓰고 "僞善被禍 吾所甘心"(좋은 일을 하다가 화를 당한다 해도 달게 받겠노라)하면서 단종의 옥체를 염장(殮葬)하여 엄문의 선산인 동을지(冬乙旨)에 암장한 "만고의 충신"으로 공조판서(工曹判書)로 추증되고 충의(忠毅)라는 시호를 받았다. 근대의 인물로는 26세손으로 고종의 순헌엄황귀비(純獻嚴皇貴妃)로 숙명여자대학교, 숙명여자고등학교, 진명여자중학교, 진명여자고등학교, 양정고등학교 등의 교육기관을 세워 많은 인재를 배출한 엄황귀비와, 26세손인 세영(世永)은 대사헌(大司憲), 농상공대신을 지냈고, 28세손 항섭(恒燮)은 백범(白凡)先生을 보좌하며 대한임시정부선전부장으로 항일운동에 앞장선 애국열사로 널리 알려져 있다. 대종회에서는 충·효·의·열을 바탕으로 많은 문무관을 배출한 밝고 맑게 살아온 명족(名族)임을 기리기 위해, 매년 양력 10월 3일에 영월 시조공 묘소에서 시향대제를 봉행아여 왔으나, 이번에 다시 그 숭고한 정신을 오래도록 계승하고 실천하기 위하여, 이곳에 우리 엄문을 상징하는 무궁의 뜻이 담긴 이 조형물을 세운다.

대전 뿌리공원 내 영월엄씨조형물.

본관지 연혁(本貫地 沿革)

영월(寧越)은 본래 고구려의 내생군(奈生郡)인데 신라 때 내성군(奈城郡)으로 고쳤으며, 고려 때 지금의 이름으로 고쳐, 원주(原州)의 속현(屬縣)을 삼았다. 1372년(공민왕 21)에 군(郡)으로 승격되었고, 1389년(공양왕 1) 충청도에서 강원도로 이관되었으며, 조선조 1698년(숙종 24) 부(府)로, 1895년에는 군(郡)이 되었다.

주요 성씨로는 엄(嚴), 신(辛), 연(延), 용(龍), 태(泰)씨 등이 있었다.

영월군(寧越郡)

지군사(知郡事) 1인.

본래 고구려의 내생군(奈生郡)인데, 신라 때에 내성군(奈城郡)으로 고쳤다. 고려 때에는 영월군으로 고쳐서 원주 임내로 하였다가, 공민왕(恭愍王) 21년 임자에 향인(鄕人) 연달마실리(延達麻實里) 원사(院使)가 경사(京師)에 있으면서 우리 나라에 공이 있다 하여 지군사(知郡事)로 승격하였고, 본조에서도 그대로 따랐으며, 별호는 내성(奈城)이라 한다.

진산(鎭山)은 발산(鉢山)이요, 【군의 북쪽에 있다.】 대천(大川)은 금장강(錦障江)과 【군의 동쪽에 있다.】 가근동진(加斤同津)이다. 【군의 서쪽에 있는데, 모두 나룻배가 있다.】 사방 경계는 동, 남쪽으로 충청도 영춘(永春)에 이르는데, 동쪽이 47리, 남쪽이 27

리요, 서쪽으로 주천(酒泉)에 이르기 42리, 북쪽으로 평창(平昌)에 이르기 34리이다.

호수가 3백 24호요, 인구가 6백 11명이다. 군정은 시위군이 66명이요, 선군이 4명이다.

토성(土姓)이 3이니, 엄(嚴), 신(辛), 연(延)이요, 망성(亡姓)이 1이니, 변(邊)이요, 속성이 3이니, 진(秦)【기천(基川)에서 왔다.】, 김(金)【영천(榮川)에서 왔다.】, 윤(尹)이다.【주천에서 왔는데, 모두 향리이다.】

땅이 메마르며, 간전(墾田)이 1천 4백 63결(結)이요,【논은 8결 뿐이다.】토의(土宜)는 기장, 피, 조, 콩, 보리, 뽕나무, 삼, 배, 밤, 칠, 닥나무, 대추이다. 토공은 꿀, 밀[黃蠟], 백단향, 잣, 느타리, 석이, 송이, 시우쇠, 지초, 사슴가죽, 사슴포, 사슴뿔, 여우가죽, 살쾡이가죽, 노루가죽이요, 약재는 오미자, 인삼, 바디나물뿌리[前胡], 승검초뿌리, 쥐꼬리망초뿌리[秦], 복령(茯苓), 나팔꽃씨[牽牛子], 대왕풀[白芨], 담비쓸개[獺膽], 녹각교(鹿角膠), 오소리기름[油]이었다.

정양산 석성(正陽山石城)이 군의 동쪽 10리에 있다.【둘레 7백 98보(步)이며, 안에 샘이 하나 있는데, 크게 가물면 간혹 마른다. 또 창고 5간이 있다.】관풍루(觀風樓)【객사 동쪽에 있다.】금강정(錦江亭)【군의 동쪽에 있다.】역(驛)이 2이니, 연평(延平), 양연(楊淵)이다.【본래 정양(正陽)과 온산(溫山) 2역이 있었는데, 고려 공양왕(恭讓王) 2년에 합쳐서 하나로 하여 양등소(楊等所)에 옮겨 두고, 이름을 양연(楊淵)으로 고쳤다.】

월경처(越境處)는 평창군(平昌郡) 동쪽 석경리(石頃里)가 군의 동쪽 수달동(首達洞)과 미귀현(眉貴峴)의 중앙 3리쯤에 들어와 있고, 충청도 제천현(堤川縣) 북쪽 반은질이리(反隱叱伊里)가 군의 서쪽

연원편(淵源篇)

거차현(居次峴)과 둔지산(屯地山)의 중앙 5리쯤에 들어와 있다.
(자료출전 : 세종실록지리지 태백산사고본)

연원(淵源)과 세계(世系)

주요 세거지(主要 世居地)

강원도 영월군 영월읍 하송리(江原道寧越郡寧越邑下松里). 오수산(五壽山)에서 물길이 동강(東江)과 서강(西江)으로 나뉘어 흐르며 남으로 흐르다가 하나 되어 남한강(南漢江)으로 합수하는 곳에 영월 엄씨(寧越嚴氏) 집성촌(集成村)이 있으니 엄씨(嚴氏) 시조가 이 땅에 뿌리를 내린 바로 그곳이다.

이 곳 마을에 엄문의 25세손에서 30세손에 이르는 6대가 함께 사는데, 1천여 년의 유구한 세월 속을 이 땅의 역사의 한가운데에서 대를 이어왔으니 오늘날 30세손에 이른다.

지금 하송리(下松里)에 있는 거대한 은행(銀杏)나무는 영월엄문의 시조가 직접 심은 것인데, 지금까지 이곳 인근에서 나라에 큰 이변(異變)이 있을 때마다 어떤 무언(無言)의 예시(豫示)가 있었다 하여 더욱 유명하다.

25세손 엄병언(嚴秉彦)씨는 "본래 마을의 이름은 행향(杏享)으로 시조공(始祖公)께서 이곳에 정착하신 후 손수 은행나무를 심고 마을 이름을 행향(杏享)으로 지어 불러 오던 것을 일제 때 행정구역 정리 작업을 하면서 솔숲이 우거진 곳의 아랫 마을이라고 해서 하송리(下松里)라고 고쳤는데 지금은 솔숲이 없어졌습니다"고 설명한다.

엄씨 가문의 상징으로 마을 한 가운데 우뚝 서 있는 은행나무

수령 1천년, 높이 36미터, 둘레 18미터로 천연기념물 76호로 지정되어 있는데, 영월(寧越)인들 모두가 신수(神樹)로 우러르고 있다.

합방 때는 동편 큰 가지가 부러져 떨어졌고, 해방 바로 전에는 동쪽 가지가, 그리고 6.25동란 때는 북쪽 가지가 부러져 나라가 큰 재앙을 맞을 때마다 스스로 가지를 부러뜨려 이를 알려주는 것으로 믿고 있다.

영월읍 하송리의 은행나무. 높이 18m,
수령 1,000년 천연기념물 제76호.

천년이 지난 지금도 고사한 가지 하나 없이 밑등치에서 새순이 끊임없이 돋아나 신비스러움을 느끼게 한다.

또한 시조공(始祖公)은 영월 근처의 산명(山名)을 직접 지었다고 하는데, 한 예(例)로 현재 충청북도 제천(堤川)에서 영월읍(寧越邑)에 채못미쳐 있는 험준한 산봉(山峰)은 중국중경(中國重慶)지방에 있는 검각산(劍閣山)과 방불하다 하여 검각산(劍閣山)이라 하였다 한다.

이밖에도 영월(寧越)군내에 고루 엄씨(嚴氏) 일가가 퍼져 살고 있는데, 한 집 건너 한 집에 엄씨 문패가 걸렸다고 할 정도이며,

연원(淵源)과 세계(世系)

이곳의 지방 유림(儒林)으로 매년 봄과 가을 석전제(釋奠祭)를 앞장서서 모시고 있다.

 선조들의 묘를 실전(失傳)한 후손들은 1965년 은행나무 마을에서 북쪽으로 2킬로미터 정도 떨어진 봉래산(蓬萊山)줄기 동산(東山)에 시조의 제단을 봉축(奉築)하여, 그 혼백이나마 모시고 매년 10월 초정일 전국의 문중이 모여 제향(祭享)을 받들며 장릉(莊陵)과 창절사(彰節祠), 충의공(忠毅公) 묘소와 함께 은행나무가 있는 마을 등을 두루 돌며 선조들의 얼을 되새긴다.

 이 밖의 주요 세거지는 강원도 영월군 남면 북상리, 조전리, 북면 문곡리, 영월읍 팔괴리, 영월읍 하송리, 경기도 화성군 태안면 능리, 함경남도 함주군 지곡면 흥서리 등지로 알려지고 있다.

 통계청의 인구조사에 의하면 영월엄씨는 1985년에는 총 27,225가구 114,228명, 2000년에는 총 38,887가구 124,697명이 있는 것으로 조사되었다.

씨족사 개요(氏族史 槪要)

영월엄씨는 시조의 아들 3형제 대(代)에 와서 장남 태인(太仁)이 고향을 지키며 군기공파(軍器公派)를 이루었고, 차남 덕인(德仁)은 한양(漢陽)으로 이주(移住)하여 복야공파조(僕射公派祖)가 되었으며, 3난 처인(處仁)은 함경도(咸鏡道)로 이주하여 문과공파조(文科公派祖)가 되어 현재 그의 후손들이 북한에 많이 살고 있는 것으로 보고 있다.

그 후 대(代)를 거듭 하면서 참봉공계(參奉公系), 교수공계(敎授公系) 등 37계통으로 갈라져서 가문의 중흥을 이루었으며, 고

충의공(忠毅公) 흥도(興道)의 정려각(旌閭閣). (강원도 영월군 영월읍 장릉 내)

려를 거쳐 조선조에 이르기까지 훌륭한 인재를 많이 배출하여 특히 충절(忠節)의 가문(家門)으로 일컬어졌다.

연원(淵源)과 세계(世系)

엄씨(嚴氏)는 고려조에 이어 조선조에 이르러서도 11세손인 유온(有溫)이 개국공신으로 가선대부(嘉善大夫) 도총제부동지총제(都總制府同知摠制)를 지내는 등 대대로 벼슬길에 올랐다.

영월엄문을 충절의 가문으로 영원히 빛내고 있는 흥도(興道)는 강원도 영월에서 호장으로 있을 당시 단종이 세조에 의해 영월에서 억울한 죽음을 당하였는데, 사람들은 화가 미칠 것을 두려워하여 단종의 시신을 돌보지 않자 공이 관을 비롯한 장례 기구 일체를 혼자서 마련하여 정중하게 장사를 치른 후, 벼슬을 내놓고 아들을 데리고 숨어 살았다. 현종 때 송시열의 건의로 흥도의 자손이 등용되었고, 영조 때 그의 충성심을 기념하는 정문(旌門)이 세워졌고 공조참판에 추증되었다.

충의공(忠毅公) 엄흥도(嚴興道)의 영정.

연산군(燕山君)조에 이르러 엄문(嚴門)에게 큰 시련이 닥치게 되니 이른바 갑자년(甲子年)의 사화(士禍)이다. 연산군의 어머니 윤씨(尹氏)의 죽음이 유온(有溫)의 4대 손녀이자 성종(成宗)의 귀인(貴人)이었던 엄씨(嚴氏) 등을 비롯하여 윤필상(尹弼商) 등 12대신의 간계라는 임토홍(任土洪)의 모함을 받게 된 것이다. 이들 대신들과

연원편(淵源篇)

함께 엄귀인의 아버지 사직공(司直公)과 오빠 회(誨)와 계(誡) 등 3부자가 참살을 당하였다. 이로 인하여 엄씨가(嚴氏家)는 한동안 빛을 잃는 듯하다가 중종(中宗)에 이르러 누명을 벗고 16세손 흔(昕)이 대제학(大提學)에 오르면서 다시 선조들의 밝은 이름을 이어간다. 공은 중종 때 식년문과에 급제하여 검열(檢閱)과 정자(正字)를 지냈고, 수찬(修撰)과 이조좌랑(吏曹佐郎)을 역임하였으며, 특히 그는 시문에 뛰어나 사림(士林)의 추앙을 받았는데 가곡원류(歌曲源流)에 실려있는 시는 유명하다. 이어 공의 현손 집(緝)도 현종 때 문과에 급제하여 공조판서(工曹判書)와 좌참찬(左參贊)에 올랐고, 청렴결백한 치적으로 가문을 빛냈다. 집(緝)의 손자 숙(璹)은 좌참찬(左參贊), 대사간(大司諫), 형조참판(刑曹參判), 대사헌(大司憲) 등을 역임하였고, 기로소(耆老所)에 들어가는 영광을 누리기도 하였다.

영조(英祖) 때 서예가로 이름을 떨친 한붕(漢朋)과, 정조(正祖) 때 서화가로 이름이 높았던 계응(啓膺)은 부자간으로, 특히 아버지 한붕은 초서와 예서에 뛰어나 한석봉(韓石峰) 이후의 제일가는 명필로 고금의 서법(書法)을 집대성한 『집고첩(集古帖)』과 『만향재시초(晚香齊詩抄)』 등의 저서를 남겼다.

근세에 들어오면서 엄문은 신문물을 능동적으로 받아들이는데 앞장섰으니, 이조말의 개화파 인물인 엄세영(嚴世永)은 국제 정세에 밝았던 초기 외교가로 신사유람단(紳士遊覽團)으로 일본을 다녀왔고, 1885년(고종 23) 영국(英國) 군함이 거문도(巨文島)를 점령하자 일본 나가사끼로 건너가 그곳에 머물고 있던 도웰 함대사령관과 담판을 하기도 했다. 공은 인천 부사(仁川府使)와 농, 상, 공부(農, 商, 工部)의 대신(大臣)을 역임하였다.

엄(嚴)씨가 낳은 왕비로 영친왕의 생모인 고종비(高宗妃)는 우리나라 개화의 여명기에 양정(養正), 진명(進明), 숙명(淑明) 등의 학교를 설립하여 오늘날 사학의 요람을 만들어낸 주역이다. 엄규백(嚴圭白)씨가 양정고등학교(養正高等學校) 교장으로, 엄정섭(嚴貞燮)씨가 진명(進明) 학원이사장으로 이를 지키고 있다.

나라의 운명이 풍전등화와 같았던 구한말(韓末) 엄문은 선조의 곧은 기상을 이어 숱한 독립투사를 배출했다.

엄인섭(嚴仁燮)은 안중근(安重根) 의사와 함께 1908년 노령(露領) 블라디보스톡에서 의병을 모아 두만강(豆滿江)을 건너 함북(咸北) 경흥(慶興)의 일본 군경에 큰 피해를 입혔으며, 이후 무력 항쟁이 여의치 못하자 연해주(沿海州)에 정착하여 농업에 종사하며 항일투쟁을 계속했다.

엄순봉(嚴舜奉)은 만주(滿洲)로 건너가 1933년 북만주 일대의 동지들과 함께 한족(韓族)총연합회를 편성하여 청년부장에 취임했다. 만주(滿洲) 일대 동포들을 상대로 항일투쟁의식 고취하고 군자금 모집하는 등 활발한 활동을 벌이다가 일제(日帝)의 압박이 심해지자 백정기(白正基) 의사 등 동지들과 함께 상해(上海)로 활동 무대를 옮겼다. 상해(上海)에서 조선인거류민회를 조직하여 일제(日帝)의 앞잡이 노릇을 하던 이영로(李榮魯)를 추적 끝에 살해하고 체포되어 순국(殉國)한 열사(烈士)이다.

엄정섭(嚴正燮)은 1916년 대구(大邱)에서 박상종(朴尙鍾) 등의 동지들과 광복회를 조직하고 군자금 모금하여 항일유격활동을 했던 중, 친일부호 장승원(張承遠)의 암살모의에 가담한 사실이

영휘원(永徽園).
조선26대 고종황제의 후궁이며 영친왕의 생모인 순헌황귀비(純獻皇貴妃) 엄씨의 묘소. 사적 제361호. (서울 동대문구 청량리동 204-2)

드러나 궐석 재판에서 사형선고를 받기도 했다.

우리나라 최초의 사이클 선수로, 일제하(日帝下) 우리 국민들에게 비행사 안창남(安昌男)과 함께 신문명의 총아였던 엄복동(嚴福童)도 엄문을 빛낸 인물이다.

항렬(行列)과 세계(世系)

항렬표(行列表)

세(世)	항렬(行列)	세(世)	항렬(行列)
25	석(錫)○	36	○수(洙)
26	○영(永)	37	동(東)·병(柄)○
27	주(柱)○	38	○훈(勳)·묵(默)
28	○섭(燮)·현(炫)	39	규(奎)○
29	기(基)·익(翼)·재(在)○	40	강(鋼)·현(鉉)○
30	○호(鎬)·용(鎔)	41	낙(洛)○
31	태(泰)○	42	○표(杓)
32	○상(相)·식(植)	43	환(煥)
33	희(熙)○	44	준(埈)
34	○배(培)	45	일(鎰)
35	선(善)○		

연원편(淵源篇)

세계도(世系圖)

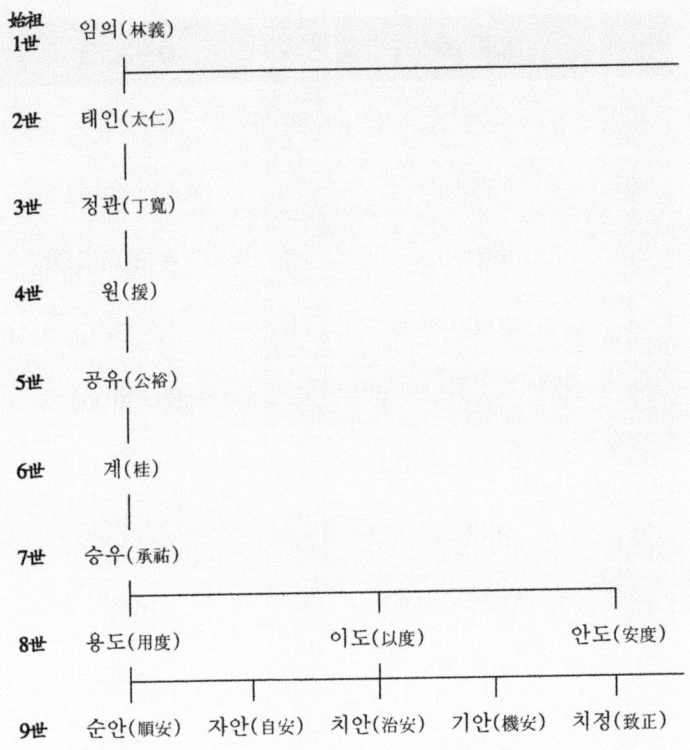

연원(淵源)과 세계(世系)

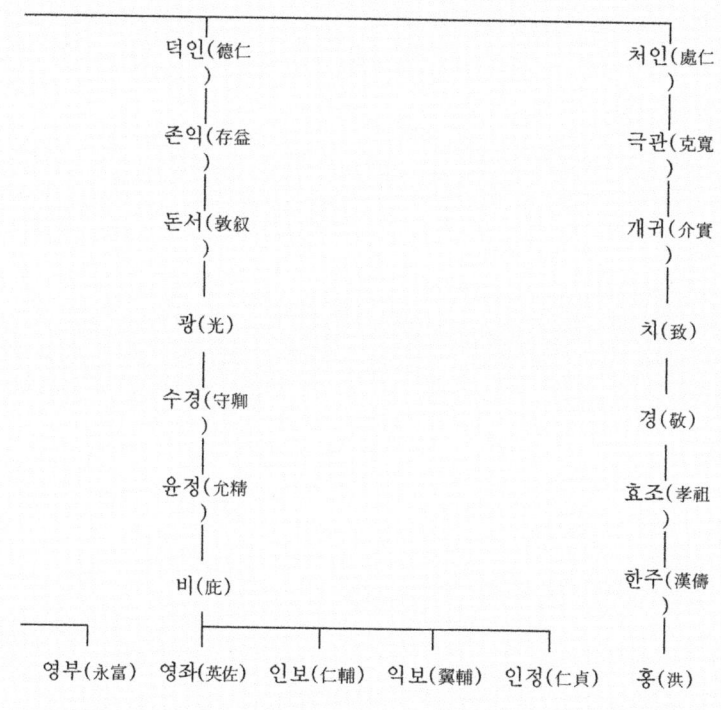

인물편 人物篇

영월엄씨 명현(寧越嚴氏 名賢)

엄태인(嚴太仁)

고려조에 검교군기감 윤(檢校軍器監尹)을 지냈다.

엄개실(嚴介實)

고려조에 통훈대부(通訓大夫)에 올라 군자감 주부(軍資監主簿)를 역임하였다.

엄 광(嚴 光)

고려조에 은자광록대부(銀紫光祿大夫)에 오르고, 상서좌복야(尙書左僕射)를 역임하였다.

엄익렴(嚴益濂)

고려조에 해주 목사(海州牧使)를 역임하였다.

엄수안(嚴守安)

1298년(충렬왕 24)에 별세하였다.

영월엄씨(寧越嚴氏) 명현(名賢)

영월군리(寧越郡吏)를 거쳐 중방(重房)의 서리(書吏)가 되었고, 원종(元宗) 때 문과(文科)에 급제하여 도병마녹사(都兵馬錄事)에 제수되었다. 1268년(원종 9) 주살(誅殺)된 김준(金俊)의 아들 주(柱)의 반란음모를 고변(告變)한 공으로 낭장(郞將) 겸 어사(御使)에 오르고, 이어 동경 판관(東京判官 : 지금의 경주 판관)이 되었다.

안찰사(按察使) 이숙진(李淑眞), 금주방어사(金州防禦使) 김훤(金喧)과 함께 1271년 방보(方甫), 박평(朴平), 박경순(朴慶純) 등의 반란을 평정했다.

1275년(충렬왕1) 중랑장(中郞將)으로 충청도 안찰사(忠淸道按察使)가 되고, 전법총랑(典法摠郞)과 남경부유수(南京副留守)를 거친 후, 1285년 남경부사(南京副使), 1290년 충청도 지후사(忠淸道指揮使)를 지냈다.

1292년 서경유수(西京留守)로서 서북면 지휘사(西北面指揮使)를 겸했으며, 부지밀직사사(副知密直司事)로 치사(致仕)했다.

수안공 실기(守安公實記)

휘 수안공(守安公)은 그 선계(先系)는 전하지 아니하며 고려 중기 초인 고종초(1214년)경 영월(寧越)의 호족가문에서 출생하시고 6척 장신(長身)에 기개있고 담력이 크기로 유명하였다 한다. 공이 성장한 고려 고종년간은 무신(武臣) 최충헌(崔忠獻)의 군벌통치(軍閥統治)와 28년간에 걸쳐 8차례나 몽고의 침공을 받고 국토는 폐허가 되었으며 수십만의 인명 피해를 입는 국난기였다. 이 어려운 시기에 수안공(守安公)은 왕조를 도와 난국을 극복하는데 큰 공을 세웠다.

　공은 원래 영월군의 관리였으나 당시 지방 이속(吏屬)에게 세 아들이 있으면 그중의 한 명은 벼슬에 오를 수 있게 한 제도에 따라 중방(重房 : 무신정권 당시의 最高核心機關))의 서리에 보임되었다. 수안공은 학예에 능하여 원종 때 문과에 급제하시고 도병마록사(都兵馬錄事)가 되었다.

　당시 고려는 원(元 : 蒙古)나라의 지배하에 있었고 김준(金俊)의 무신통치가 자행되고 있었으며 피난왕도(避亂王都)는 강화도에 있었다. 그러므로 1268년(원종 9) 3월에 원나라는 북경로총관(北京路摠管) 우야손탈(于也孫脫)과 예부랑중(禮部郎中) 맹갑(孟甲)을 사신으로 삼아 조서(詔書)를 내려 개경(開京 : 王都) 환도의 지연이 무신(武臣)들의 간계로 연기되고 해양공(海洋公) 김준 부자(父子)와 그의 아우 김충(金冲)을 연경(燕京)에 오도록 하였다. 원제(元帝)의 하명에 위협을 느낀 김준은 장군 차송우(車松祐)의 말을 듣고 원나라 사신을 죽이고 깊은 해중(海中) 섬으로 도망하자고 모의하여 2회에 걸쳐 왕에게 고했으나 왕은 듣지 않았다.

　김준이 사신을 살해키로 결정하고 이 사실을 수안공을 시켜 양부(兩府 : 中書門下省과 中樞阮)에 고하니 양부 모두 안색이 변하여 감히 말하는 자가 없었다. 마침 김준의 아우 김충(金冲)이 병으로 집에 누워있었기에 수안공이 찾아가서 말하자 충(冲)이 이전부터 수안공을 신임하였으므로 먼저 가부를 의논하게 했다. 수안공이 말하기를, "옛부터 군사(軍事)가 서로 교전하면 사신(使臣)이 그 중간을 내왕하게 되는데 이제 이유 없이 천자(天子)의 사신을 죽인다면 장차 안전할 수 있겠습니까? 이는 스스로를 보전하는 계책이 아닙니다." 하니 충(冲)은 가당하게 여겼다. 이렇게 해서 수안공은 김준의 천자(天子) 사신살해(使臣殺害) 계획을 저지할 수 있었다.

영월엄씨(寧越嚴氏) 명현(名賢)

이해 11월에 김준이 어선(御膳) 2척을 강탈한 사실이 탈로나 왕의 미움을 샀다. 일찍이 중추부사임연(中樞府使林衍)이 김준의 아들과 전지(田地) 문제로 불화가 심했다. 임연(林衍)과 환관(宦官) 최은(催恩)이 짜고 왕이 병이 들었다는 소문을 내어 김준을 급히 입궐케 하여 편전에서 타살하고 그 아우 김충(金冲)도 김자후(金子厚)가 타살한 뒤에 여러 아들도 모두 죽였다.

그러나 김준의 아들 김주(金柱)가 육번도방(六番都房 : 김준이 기른 사병)의 사병들을 모아 반격을 꾀하였다. 이때 도병마록사 수안공이 궁문을 두드리며 고하기를, "너희들이 해산하지 아니하면 아마도 큰 변을 당할 것이다."하고 외치니 모두 겁을 먹고 항전하지 못할 때 왕이 박성화(朴成火) 등을 보내어 토멸했다. 이 공으로 수안공은 낭장(郎將) 겸 어사(御使)에 제수되고 곧 이어서 동경(東京 : 현 慶州) 판관(判官)이 되었다.

1270년 2월에 왕(王)이 연경(燕京)에 갔다가 4월에 원군(元軍)을 거느리고 세자(世子)와 함께 귀경(歸京)하여 강도(江都 : 강화도)의 무신(武臣)에게 출륙(出陸 : 육지의 王都로 돌아오라는)을 명하였다. 그러나 무신(武臣) 임연(林衍)의 아들 도정별감(都定別監) 임유무(林惟茂)는 불만을 품고 여러 도(道)에 수로방어사(水路防禦使)와 산성별감(山城別監)을 보내어 백성들을 모아 지키게 하며 장차 왕명을 거역하려고 장군 김문비(金文庇)를 시켜 야별초(夜別抄)를 거느리고 교동(橋桐)에 주둔하였다.

이때 동경판관(東京判官) 수안공은 무신(武臣)편에 호응하지 아니하고 동경부유수 주열(朱悅)과 의논하여 야별초를 잡아들여 금주(今州)에 감금하고 5월 27일 왕이 동경(東京)에 이르자 사이길로 달려가 왕재소(王在所)를 수비하였다. 이어 왕명을 받은 율사장(律士長) 염(琰)과 분(玢)이 삼별초(三別抄)를 모아 임유무를 생포하여 거리에서 효수하고 그 일당을 귀양보냈다. 이로써 수안공은 몇 대에 걸친 무신정권(武臣政權)을 종식시키는데 큰 공을 세웠다.

이해 6월 1일 배중손(裵仲孫)을 중심으로 반란을 일으킨 삼별초군(三別抄軍)은 진도(珍島)를 거점삼아 항전하니 김주(金州 : 현 金海) 수(守) 이주(李柱)가 도망하자 수안공이 권지금주사(權知金州事)를 겸임하고 민심을 수습하였다. 또 밀성군(密城郡) 사람 방보(方甫) 등이 삼별초와 호응하여 반란을 일으켜 수장(守長)을 살해하자 수안공은 개국병마사라며 군(郡), 현(縣)에 이첩(移牒)했다. 수안공은 김주수장 김훤(金晅)과 의논하여 반군 이숙진(李淑眞)을 협공하려 하자 적이 이 사실을 알고 두려워하여 그 괴수를 베고 마침내 항복하였다. 수안공은 임기가 만료되어 중랑장에 임명되고 승진을 거듭하여 전법총랑(典法總郞)이 되었다가 곧 외직으로 나가 남경(南京 : 이때는 楊州) 부유수(副留守)가 되었다. 이때 국왕이 남경(南京)에 행차하니 수안공이 후하게 접대하여 크게 칭찬을 받았다. 그러나 백성들에게 심하게 하여 왕의 총애를 받으려 한다는 비난도 있었다 한다.

수안공은 1285년(충렬왕 11)에 남경부사(南京副使)가 되셨는데 9월에 국왕이 공주와 함께 남경(南京)에 거동하였다. 이때 수안공이 잔치를 매우 성대하게 베풀고 또한 국왕을 권유하여 삼각산 문수굴(三角山文殊窟)에 행차하도록 하였다. 이때 굴을 뚫어 새로 길을 닦기 위해서 백성들을 괴롭히니 매우 소란스러웠다. 그러나 수안공의 행적이 능란하다하여 왕은 3품 관직을 하사하였다.

그뒤 수안공은 판사재시사(判司宰侍事)로 승진하셨다가 1290년(충렬왕 16) 9월에 충청도지휘사(忠淸道指揮使)가 되었다. 이어서 1292년(충렬왕 18)에 서경(西京 : 海州) 유수(留守)가 되고 서북면지휘사(西北面指揮使)를 겸임하였다. 수안공은 지방장관으로 부임하는 곳마다 유능하다는 평판을 들었다. 얼마 뒤 부밀직사사(副密直司事)로 치사(致仕)하시다가 1298년(충렬왕 24) 9월에 서거(逝去)하였다. 슬하에 찬(贊), 정(靖), 신(信)의 세아드님을 두셨는데, 장자 찬(贊)은 의관자제(衣冠子弟), 중유(中流)로 선발되어 원(元)나라 연경(燕京)에 들어가 입시하는 등 세족의 대우를 받았습니다.

(자료출전 : 高麗史, 列傳嚴守安傳)

엄공근(嚴工瑾)

고려조에 벼슬이 직제학(直提學)에 이르렀다.

보문각직제학공 실기(寶文閣直提學公 實記)

근공(謹公)은 고려조의 고종 연간(高宗年間 : 1214~1259)에 출생하였고 그 선계는 알 수 없다. 고려조의 원종 연간(元宗年間 : 1260~1274)에 여러 관직을 지냈으며, 1308년(충렬왕 34)에 전의시사(典義試事 : 정3품)를 지내고 이어서 보문각(寶文閣)의 직제학(直提學)을 역임하였다. 배위는 미상이나 여서(女婿) 김한룡(金漢龍)은 문하성(門下省)의 대중대부(大中大夫), 우간의대부(右諫議大夫)와 사관(史館)의 편수지제고(編修知制誥)를 지냈다. 또한 외손 김희(金禧)는 문과에 급제하고 포은 정몽주(圃隱鄭夢周) 선생의 방하(榜下)에서 시생(侍生)한 사실이 포은집(圃隱集)에 실려 있다.

(자료출전 : 高麗史, 圃隱集)

엄 비(嚴 庇)

고려 후기의 문신(文臣)이다.

인물편(人物篇)

실기(實記)

8세손 휘 비공(庇公)은 영월(寧越)에서 출생하고 아버님은 검교군기감(檢校軍器監)을 지내신 휘 윤정공(允精公)이다. 비공(庇公)은 상경출사(上京出仕)하여 태정문하(泰定門下)의 시위장군(侍衛將軍)을 지냈다. 후일 낙향하여 영월의 호족(豪族)으로 명성이 높았다.

1486년(성종 17)에 노사신(盧思愼) 등이 편찬하고 1530년(중종 26)에 이행(李荇) 등이 다시 보종(補宗) 편찬한 신증동국여지승람(新增東國興地勝覽)의 영월군고적조(寧越郡古跡條)에 의하면 "군호엄비(郡豪嚴庇)는 영월부동(寧越府東) 쪽 30리되는 직곡부곡육말(直谷部曲陸末) 곁에 복거(卜居 : 살 곳을 가려서 정함)했다"고 하였다. 또한 다른 영월군고적육말연(寧越郡古跡陸末淵)의 전설(傳說)에 의하면 "군호(郡豪) 엄비(嚴庇)는 육말(陸末) 옆에 살며 큰 연못가에 암말을 매두었는데 용(龍)이 나타나 사귀더니 망아지(구) 한필(匹)를 낳았는데 달리기에서 절군(絶群)의 준족(駿足)이었다. 연못은 그 후 홍수(洪水)가 나서 연멸(湮滅)되었다"는 기록이 있다.

비공(庇公)은 영좌(英佐 : 軍器監尹), 인보(仁輔 : 原從功臣), 익보(翼輔 : 漢城府尹), 인정(仁貞 : 兵曹佐郎)의 네 아들을 두었다.

(자료출전 : 新增東國興地勝覽)

엄익겸(嚴益謙)

고려 충숙왕조에서 공민왕조의 문신(文臣)이다.

실기(實記)

휘 익겸공(益謙公)은 고려 충숙왕년간(1214~1339)에 출생하고

영월엄씨(寧越嚴氏) 명현(名賢)

여러 관직을 거쳐 공민왕(恭愍王) 때 해주목사(海州牧使)가 되었다. 그러나 당시 일본의 왜구(倭寇)가 발호하여 해주(海州)에 두번이나 침입하였다. 1373년(공민왕 22) 9월 재차 침입했을 때 목사 익겸공이 살해(殺害)당하는 참사가 있었다. 이때 목사를 구하지 못하고 방치한 해주관속(海州官屬)들은 모두 주살하는 엄벌을 내리고 해주목은 한때 군(郡)으로 강등되었다가 후일 다시 목(牧)으로 환원되었다.

(자료출전 : 高麗史)

엄태사(嚴太師)

고려왕조 말엽의 충신(忠臣)이다.

실기(實記)

엄태사(嚴太師)는 영월인(寧越人)으로서 생, 졸과 그 선계 휘(諱) 등은 전하지 않는다.

태사(太師)는 일찍이 고려조 후기에 고위관직을 지내고 고려왕조 말기 공민왕(恭愍王) 때 태사(太師)로 나라의 최고위명예직(最高位名譽職)을 역임하였다.

태사(太師)는 고려가 망하자 장태사(張太師)와 함께 불사이군(不事二君)의 절의로 항거하며 신조(新朝 : 朝鮮)에서 준 관급미(官給米)도 거절하고 사도(四道 : 황해도) 수양산(首陽山) 아래 고촌(古村)에 와서 산에 올라 고사리를 뜯으며 굴속을 출입하니 사람들이 '엄씨굴(嚴氏窟)'이라 칭하고 당시의 사대부들이 모두 그 고상한 절의에 미치지 못함을 두렵게 여겼다. 엄태사는 고려말의 충렬록(忠烈錄)에 십렬중(十烈中)의 한분으로 다음과 같이 기록되어 있다.

인물편(人物篇)

승숙(承肅) 조덕곡(趙德谷), 종학(鍾學) 이인재(李麟齋), 금성인(錦城人) 임탁(林卓), 문충공(文忠公) 조흥(趙珙), 순흥인(順興人) 안종약(安從約), 죽강(竹岡) 변구수(邊龜壽), 양촌(楊村) 원(元), 선야당(宣野堂) 허금(許錦), 엄태사(嚴太師 : 失名), 장태사(張太師 : 실명) 등 10인이다.

또한 엄태사는 여말선초에 운곡(耘谷) 원천석(元天錫)이 강원도 치악산 정상에 제단(祭壇)을 쌓고 고려의 종사(宗社)를 이어가게 하고자 '변혁사(變革祀)'를 지냈는데 이때 동지(同志)들과 더불어 종참(從參)하였다. 그 자세한 기록은 원천석전(元天錫傳)에 실려있다.

(자료출전 : 麗朝忠烈錄, 景賢祠誌, 不朝峴言之錄, 崇義殿史, 勝國,
名流標榜錄, 華海師全, 話東人物叢記)

엄유온(嚴有溫)

고려말엽과 조선초기의 무신으로, 동지총제(同知摠制)를 역임하였다.

실기(實記)

휘 유온공(諱有溫公)은 고려 공민왕 초기(1353~1374)에 낭장(郎將)이신 아버지 휘 준공(俊公)과 부사 의생공(義生公)의 따님 정씨(鄭氏) 사이에서 태어났다.

공은 고려 공민왕 때 동북면병마사 이성계(李成桂) 휘하에서 원군(元軍)과 대전하고 남해(南海)에 출몰하는 왜적을 토벌하는 등 무공을 세우고 이성계가 1388년(우왕 14)에 요동 정벌을 나갔다가 위화도(威化島)에서 회군하여 우왕(禑王)을 폐하고 창왕(昌王)을 세운 다음 군권을 장악한 얼마 후 조선 왕조를 개국할 때 함께 협력하였다. 당시 유온공의 품계는 확인할 수 없으나 태종실록(太

영월엄씨(寧越嚴氏) 명현(名賢)

宗實錄)은 전감(前監)을 지내시고 개국원종공신(開國原從功臣)에 올랐다. 그런데 조선건국 직후의 혼란기에 8왕자들의 왕위쟁탈 문제로 두 번이나 왕자(王子)의 난(亂)이 있는 동안 유온공은 크게 개탄하며 협력하지 않으니 왕위에 오른 태종은 1401년(태종원년) 2월 2일 김인귀(金仁貴) 대장(大將), 전감 엄유온공등 26인을 외지에 귀양보냈다. 당시 사헌부(司憲府)의 상소 요지를 보면 "상왕께서 세자를 봉하시고 작은 병으로 전하께 선위하시매 전하께서 두세 번 사양하시다가 왕위를 받으셨으니 일국의 신민이 기뻐하고 있습니다. 그러나 상왕의 구신(舊臣) 판태안부사(判泰安府事) 정남진(鄭南晋), 검교참찬문하부사(檢校參贊門下府事) 김인귀(金仁貴), 전감(前監) 엄유온(嚴有溫), 태안부윤(泰安府尹) 조진(趙珍), 전밀직제학(前密直提學) 노귀산(盧貴山), 호조전서(戶曹典書) 배중윤(裵仲倫) 등 26인은 대체(大体 : 大勢)에 어두워 많이 사의를 따르고 속으로 분완(憤惋)을 품고 말을 만들어 이간하오니 천지의 변괴가 또한 이로 연류함인가 합니다. 자고로 일을 만들어내는 것이 대개 무뢰배로 말미암으니 전하께서 그 직첩을 거두고 먼 지방으로 귀양보내 난의 싹을 막으소서."하여 태종이 그대로 따르니 이로 인하여 공은 귀양살이를 가고 태종 집권 8년 동안 관직에 나가지 못하였다.

그러나 태종이 죽고 새로 왕위에 오른 세종대왕은 태조 시절의 구신들을 다시 중용하여 1418년(세종즉위년) 9월 15일 우박(禹博)을 중군총제(中軍摠制)로 엄유온공(嚴有溫公)과 김두남(金斗南)을 좌군동지총제(左軍同知摠制)로 이숙무(李叔畝)를 우군동지총제(右軍同知摠制)로 삼게 되어 공은 다시 관직에 나갔다.

일찍이 이성계는 1391년(공양왕 3)에 오군(五軍)을 줄여 삼군(三軍)으로 하고 스스로 도총제사(都摠制使)가 되어 군권(軍權)을 쥐고 건국후 1393년에 삼군도총제부(三軍都摠制府)를 의흥 3군부(義興三軍府)로 개편하고 좌우 2위(衛)와 8위(衛)를 합친 3군10위로 하였다. 즉 중군(中軍)은 경기좌우도(京畿左右道) 및 동북면(東北面)에 속하고 좌군(左軍)은 강릉(江陵), 교주(交州), 경상전라제도(慶尙全羅諸道)에 속하고 우군(右軍)은 양광도(揚廣道), 서해도(西海道) 및 서북면(西北面)에 속하였다.

다음해 1419년(세종 원년) 4월 20일 세종대왕이 상왕(上王)을 모시고 평산(平山)에 행차할 때 영의정(領議政) 유정현(柳正顯), 병조판서(兵曹判書) 조말생(趙末生), 참판(參判) 이명덕(李明德), 효령대군(孝寧大君) 보(補), 경령대군(敬寧大君) 비(秕), 공령대군(恭寧大君) 인(祵), 판부사(判府事) 조연(趙涓), 도진무(都鎭撫) 연사종(延祠宗), 장군절제사(掌軍節制使) 이화영(李和英), 좌군동지총제(左軍同知摠制) 엄유온공(嚴有溫公) 등이 어가를 호종하였다. 이후의 행적은 알길이 없으나 유온공(有溫公)은 이미 연로하고 중환(重患)으로 고생하다가 이해 12월 17일 서거하시니 나라에서는 부의(賻儀)로 종이 70권을 하사하였다.

배위 정부인(貞夫人)은 밀양박씨(密陽朴氏)이며 장자 극인(克仁)이 있다.

(자료출전 : 太宗實錄, 世宗實錄)

총제공신도비명(摠制公神道碑銘)

공의 휘(諱)는 유온(有溫)이요, 성(姓)은 엄씨(嚴氏)이니 영월(寧越) 사람이라. 고려 때에 호부원외랑(戶部員外郞) 휘 임의(林義) 어른께서 파락사(坡樂使)라는 대사(大使)의 임무를 띄고 동(東)으로 오셔서 이내 곧 영주(永住)하게 되므로 내성군(柰城君)에 봉하시니 이가 곧 그 시조가 되시며 3세(三世)를 지나서 휘 광(光)이

영월엄씨(寧越嚴氏) 명현(名賢)

고려조의 은자광록대부상서좌복야(銀紫光祿大夫尙書左僕射)로 이 분은 공의 7세조이며, 증조인 휘자 비(庇)는 태정문하시위장군(泰定門下侍衛將軍)이시며, 조(祖)인 휘자 영좌(英佐)는 중현대부(中顯大夫) 군기감윤(軍器監尹)이시며, 고(考)인 휘자 준(俊)은 랑장(郞將)이시고, 비(妃 : 母)는 정씨(鄭氏)로 부사(府使) 의생(義生)의 따님이시다.

공은 고려말(高麗末)에 나시어 이조국초(李朝國初)에 개국공신(開國功臣)으로서 관직(官職)이 가선대부(嘉善大夫) 도총제부(都摠制府) 동지총제(同知總制)이시며, 배(配 : 夫人)는 정부인(貞夫人) 밀양박씨(密陽朴氏)로서 일남(一男)을 낳으시니 진사(進士) 극인(克仁)이라 하셨으며, 3손(三孫)을 두시었으니 사직(司直) 산수(山壽)와 문과교리(文科校理) 송수(松壽)와 생원(生員) 강수(岡壽)가 다 명망 높은 분들이다. 사직공(司直公)에 두 따님이 있으니 둘째 따님이 성종조(成宗朝)에 귀인(貴人)이 되시었다.

연산(燕山) 갑자(甲子)에 임사홍(任士洪)이 터무니없는 무언(誣言)으로 큰 화를 일으키게 되니 귀인과 그리고 윤필상등(尹弼商等) 12대신(十二大臣)을 살해하고 또 귀인의 사친(私親)을 장형(杖刑)에 처하고 귀양까지 보내니 사직공(司直公)은 장자(長子)인 훈(訓)과 더불어 이천(利川)땅에 유배되고 중자(仲子)인 회(誨)와 계자(季子)인 계(誡)는 양천(陽川)과 현풍(玄風)에 각기 유배되었다가 연산(燕山) 병인(丙寅)에 이르러 사직공과 중계 이자(二子)는 유배지에서 화(禍)를 입게 되었읍니다. 그 후 중종초에 원한은 풀리어 사직공과 중계 이자(二子)에게 통정대부(通政大夫) 공조참의(工曹參議)의 관직(官職)을 내리셨다. 공의 위대한 공훈과 실적(實蹟)은 당대에 그 이름을 날렸으니 넉넉함을 후손에게 드리움이 진실로 적지 아니한데 불행하게도 갑자사화(甲子士禍)를 만나니 일문이 화를 입어 혹은 유배되고 흩어지고 쫓긴 나머지 마침내 한 조각의 문헌(文獻)도 가히 후손들에게 징거할 만한 것이 없으니 후손의 원통함이 어떠하겠는가.

묘소는 영월부(寧越府) 서옹산(西甕山) 오나곡(嗚羅谷) 유좌원(酉坐原)에 모시었으며, 그 후 오백 년의 세월이 흐름에 자손들은 면면이 이어 나와 덕망 있고 이름 있는 석학(碩學), 명사(名士)들이 그치지 않았으며, 출중한 자손이 많이 나왔도다. 이것이 다 공이 당일(當日) 적선(積善)한 공덕(功德)의 소치(所致)라 아니할 수 없도다. 인근은 물론 길가는 나그네까지도 이것이 총제대감(總制大監)의 묘라 일컬으니 가히 유덕이 사람의 마음속 깊이 새겨져 있었음을 짐작하고도 남음이 있겠도다.

공의 묘소에 옛 비석이 있으나 세월이 쌓이게 됨에 풍우에 깎이고 씻겨져서 희미해져 가니 자구(字句)를 읽을 수 없게 되므로 후손들의 한이 된지 오래였다. 계묘(癸卯) 가을에 대종(大宗)이 합의하여 성(誠)과 힘을 다해 장차 큰 비석을 새로 세워 묘도(墓道)에 표(表)할제 삼가 가히 징거될만한 문헌(文獻)을 모아 사적(事蹟)이 없어진 것을 보충할 때 공의 후손 태두(泰斗)가 그 실기(實記)를 가지고 와서 일언(一言)의 기록을 해달라고 하기에 내가 군(君)과 더불어 일찍이 글과 먹의 인록(因綠)이 있어 온공(溫恭), 단정(端正), 성실(誠實)함이 묻지 않아도 가히 법도 있는 집안의 후예됨을 알만한지라, 그 근구(勤求)하는 뜻을 거절키 어려워 글에 대한 지식은 없으나 이에 그 사적(事蹟)을 기술하게 됨에 이르러 이에 명(銘)하여 가로되,

오직 공의 덕망(德望)은 마땅히 국사(國史)와 가승(家乘)에 실리리로다. 이미 잃어버린 사적(事蹟)은 전해오지 않으니 그 당시의 일들을 징거하지 못하는구나. 사화(士禍)의 참혹함은 한풍(寒風)

이 몰아치는 빙하(氷下)의 날씨 같고 변란(變亂)의 흑백(黑白)은 파리떼보다 더 가증(可憎)하도다. 그래도 후손들은 면면히 계승되어 가는 곳마다 번성하며 많은 후손들이 득실거리도다. 선(善)을 쌓은 여경(餘慶)은 하늘이 반드시 굽어 살핌이로다. 나를 불신하거든 저 자랑스런 후손들을 보면 알 것이로다.

단기(檀紀) 4297년 10월)
전성균관부제학 죽계(竹溪) 안인식(安寅植) 근찬(謹撰)
공후(公后) 21세손 태두(泰斗) 근서(謹書)

엄 식(嚴 式)

조선조의 문신으로 천안도독부부사로 내임하였다. 공은 황량했던 천안 땅의 도솔벌판에 삼천호 읍을 이주시켜 고을의 모양을 갖추게 하였고, 왕자성과 고정을 세우는 등 많은 노고를 아끼지 않았다. 오룡쟁주의 명당에 동헌을 세웠다.

엄용도(嚴用度)

조선조에 군기시정(軍器寺正)을 역임하였다.

엄이도(嚴以度)

조선조에 군기시정(軍器寺正)을 역임하였다.

인물편(人物篇)

엄안도(嚴安度)

조선조에 군기시정(軍器寺正)을 역임하였다.

엄 간(嚴 幹)

조선조에 감찰(監察) 벼슬을 역임하였으며 효자로 이름이 높다.

실기(實記)

휘 간공(幹公)은 고려조말 1380년(우왕 6)에 출생하였는데 그 선계는 알 수 없고 상주인(尙州人)으로 되어있다. 가세(加勢)가 빈궁한 중에서도 학업에 전념하여 유학으로 34세 때인 1414년(태종 14)에 친시(親試)에 을과 3등으로 급제하고, 1420년(세종 2)에 학록(學錄)에 임명되었다. 간공은 조선조에 들어 엄문(嚴門) 최초로 대과(大科)에 급제의 영광을 안았다.

그러나 집안이 너무 빈한하여 부모님의 봉양을 위해 관직을 버리고 지방으로 내려가 13년 동안이나 미관 말직에 머물며 반평생을 지냈다. 간공의 효행은 1429년(세종 11) 9월 24일 예문봉교(藝文奉敎) 최자연(崔自淵), 성균박사(成均博士) 최맹하(崔孟夏), 교서랑(敎書郞) 조오 등의 상서로 다음과 같이 알려졌다.

"군부의 의는 하나이니 충효의 도는 다름이 없습니다. 그런 까닭에 경서에 어버이 섬김에 자뢰(資賴)하여 임금을 섬겨 공경한다고 하였습니다. 또 어버이를 섬김에 효도로써 하는 까닭에 임금에게 충성으로 옮길 수 있다고 하였습니다. 이것이 이른바 충신은 효자의 집에서 나온다는 것입니다. 봉상직장(奉常直長) 겸 성균박사(成均博士) 엄간(嚴幹)은 경상도 상주(尙州) 사람인데 어릴 때부터 어

영월엄씨(寧越嚴氏) 명현(名賢)

버이를 섬기는 여가(餘暇)에 힘써 배우기를 게을리하지 아니하여 갑오년(1414년)에 과거에 급제하였고 경자년(1420년)에 이르러 봉상부록사(奉常副錄事)겸 성균학록(成均學錄)의 벼슬을 받았습니다. 곧 자기의 직무에 정성껏 부지런히 하여 효도를 옮기어 충성을 다하던 때였으나 양친이 모두 늙어 멀리 남쪽에 있어 정성을 오랫동안 못한 것을 근심하고 어버이를 섬길 날이 짧은 것을 애석하게 여겨 집으로 돌아갈 것을 청하여 봉양하면서 부모 곁을 떠나지 않으며 친히 맛좋은 음식을 가지고 봉양하는 도리를 극진히 하였습니다.

잇따라 상을 당하매 6년 동안이나 묘소에 여막(廬幕)을 치고 집 자리에서 잠을 자고 죽을 먹으며 불교의 의식을 쓰지 아니하고 한결같이 가례에 좇았습니다. 그가 어버이를 섬기는 데 있어 처음부터 끝까지 진실로 유감됨이 없었습니다. 무릇 인자(人子)로서 누구인들 어버이를 봉양하지 않으리오마는 간(幹)이 어버이를 봉양하매 향당(鄕黨)과 종족들이 효자라고 칭하였으며 누구인들 어버이 묘소에 거려(居廬)하지 않으리오마는 간(幹)이 거려하매 멀고 가까운 곳의 보고 듣는 사람들이 모두 감복하였습니다. 이것은 다른 까닭이 아니라 효성이 지극함이 남이 따를 수 없는 때문입니다. 온 고을 사람들의 공론이 있는 것은 당연합니다. 간의 효행은 빈틈이 없습니다. 어찌 보통 사례(事例)로 볼 수 있겠습니까.

그때에 판목사(判牧使) 조치(曹致)가 그의 효행을 아름답게 여겨 감사(監使)에게 치보(馳報)하여 발탁해 등용하여 그의 효행을 표창하고자 하였더니 그가 면상(免喪)한 뒤에 도로 본직을 제수하였으나 순자(循資)의 격식(格式)에 구애되어 16년이나 되도록 아직 거관(去官)하지 못하고 나이는 거의 50세가 되어 수염은 이미 희어졌습니다.

이것은 신(臣)등이 침묵하고 있을 수 없는 바입니다. 더구나 이제 성조(盛朝) 때에 효도를 숭상함에 있어 간(幹)의 효행이 이와 같사온데 한관(館)에서 작은 벼슬아치로 늙어감이 또한 이와 같으니, 어찌 성대(聖代)에서 효도를 다스리는 일에 있어 어긋남이 있지 않겠습니까. 엎드려 바라건대 전하께서 차례를 초월하여 뽑아 등용하시어 효도하는 풍속을 장려하소서."

이에 세종대왕(世宗大王)은 흔쾌히 이조(吏曹)에 등용하라 하였다. 이후 간공(幹公)은 50세 지나서야 성균박사 주부(主簿) 겸 세자우정자(世子右正字)를 거쳐 사헌부(司憲府)의 감찰(監察)을 지냈다.

(자료출전 : 世宗實錄, 國朝榜目)

엄흥도(嚴興道)

시호(諡號) 충의(忠毅)이다.

영월군(寧越郡)의 호장(戶張)을 지냈는데, 단종(端宗)이 영월에서 비명으로 승하하자 후환이 두려워 누구도 돌보지 않음에도 불구하고 공은 홀로 찾아가서 통곡하고 관을 준비하여 장례를 치렀다. 주위의 만류하를 물리치며 말하기를, "선한 일을 하고 화를 입게 되는 것은 내 마음이 내키는 일이라" 한 후, 장사를 지내고 아들 호현(好賢)과 더불어 몸을 숨겼다. 공이 세상을 뜨자 아들이 남몰래 고향으로 돌아와 선산에 옮겨 장사지냈다.

현종(顯宗) 때 우의정(右議政) 송시열(宋時烈)이 공의 자손을 등용해야 한다고 상주하여 윤허가 내렸고, 영조(英祖) 때 이르러서는 정려가 명해지고 공조참판(工曹參判)에 추증되었으며,

제문(祭文)을 내려 의열(義烈)을 표하였다.

조선왕조실록에 나타난 충의공 관련 연대기

○ 1457년(세조 2) 10월 24일
유시(酉時)에 영월 관풍헌(觀風軒)에서 노산군이 사사되자, 시신을 영월 엄씨 선산인 동을지(冬乙旨)에 염장(殮葬)하다.

○ 1516년(중종 11)
현덕왕후(顯德王后 : 태종 18~세종 23, 안동권씨, 문종의 后, 所生은 端宗, 敬惠公主)의 능인 소릉(昭陵 : 본래 安山에 소재하였으나 世祖에 의해 물가로 移葬되었다가 중종 8년 顯陵으로 옮김)과 영월에 있는 노산군의 묘에 치제(致祭)하고, 절목(節目)을 마련하다.

○ 12월 15일
우승지(右丞旨)신상의 복명(復命)으로 엄흥도가 노산군의 시신을 암장한 충절이 세상에 들어나게 되다.

○ 1585년(선조 18)
엄흥도의 종순이 정병(正兵) 한례(漢禮)가 복호(復戶 : 忠臣, 孝子, 節婦 등에게는 요역과 田稅 이외의 雜賦金을 免除하던 일)을 청원하매 영월군수 김늑(金肋)이 이를 선조에게 상주(上奏)하다.

○ 1668년(현종 9)
참판이었던 여필용(呂必容)이 다시 엄흥도의 문제를 제기하여 복호와 묘에 치제할 것을 주청하다.

○ 1669년(현조 10) 정월
우의정 우암 송시열이 경연(慶筵)에서 백성에게 절의를 권장하기 위해서도 엄흥도의 후손을 찾아 등용토록 할 것을 주청하여 현종의 윤허를 얻다.

○ 1681년(숙종 7)
상왕에서 노산군으로 강봉된 지 227년 만에 다시 노산대군으로 추봉(追封)되고, 우승지 송창(宋昌)이 묘에 치제하다.

○ 1695년(숙종 21) 9월
강원도 감사 홍만종(洪萬鍾)의 장계(狀啓)로 육신사(六臣祠)에 엄흥도를 함께 배향(配享)하다.

○ 1698년(숙종 24)년 9월
신규(申奎)의 노산대군의 복위를 주청하는 상소에 의하여, 그해 11월 6일 노산군이 승하한 지 241년 만에 단종으로 복위되다.

○ 1699년(숙종 25)년 1월 1일
좌의정 최석정(崔錫鼎)의 주청에 의하여 엄흥도를 공조좌랑(工曹佐郞)으로 추증(追贈)하고, 친히 어제제문(御製祭文)을 내려 제사를 지내도록 하다.

○ 1709년(숙종 35)
영월 유생 엄세영(嚴世英)의 상소로 육신사를 창절사(彰節祠)로 고치다.

○ 1726년(영조 2)
청주 유생 엄종한(嚴從漢)의 주청으로 청주에 정려각(旌閭閣)이 세워지다.

○ 1743년(영조 19) 10월 18일
예조판서 이주진(李周鎭)의 상소로 엄흥도에게 공조참의(工曹參議)가 추증되다.

○ 1758년(영조 34) 10월 4일
단종 복위 1주갑(周甲)을 맞아 예조판서 홍상한(洪象漢)의 상소로 장릉에 치제하고 엄흥도에게 공조참판(工曹參判)이 가증(加贈)되다.

○ 1759년(영조 35)년
청주에 있던 엄충신의 정려문이 영월읍내로 옮겨지다.

○ 1785년(정조 9) 2월 6일
정언(正言) 신복(申馥)이 조정에서 엄흥도의 묘를 수축하고자 하다.

○ 1788년(정조 12) 8월 16일
강원도 관찰사 김재찬(金載瓚)이 육신사 보수와 엄충신 정려에 치제할 것을 주청하다.

○ 1790년(정조 14) 2월 13일
장령(掌令) 최경악(崔景岳)이 엄흥도를 정경(正卿 : 大臣곧 判書를 이름)으로 추증할 것을 주청하다.

○ 1791년(정조 15) 2월 21일

우의정 채제공이 육신사에 엄충신의 위패를 모실 것을 주청하고, 원임제학(原任提學) 이복원(李福源)이 엄흥도를 충신단(忠臣壇)의 31인 배식인(配食人)에 포함할 것을 주청하여 정조의 윤허를 얻다.

○ 1833년(순조 33) 5월 16일

사람들의 엄흥도를 판서로 추증함이 마땅하다는 주청에 따라 공조판서(工曹判書)의 가증교지가 내려지다.

○ 1877년(고종 14) 9월 9일

진사 엄현좌(嚴顯佐)와 유학(幼學) 엄현문(嚴顯文), 엄현상(嚴顯相)이 시호를 청하는 상소를 올리자, 고종은 이듬해 정월 초하루 날자로 충의공(忠毅公)이라는 시첩(諡牒)을 내리다.

창절서원 전경.

엄충신묘갈명(嚴忠臣墓碣銘)

옛날 이씨조선의 6대 임금인 단종(端宗)께서 숙부(叔父)인 세조(世祖)의 강압에 못 견디어 급기야는 보위(寶位)를 내놓으시고 강원도 영월(寧越) 땅으로 귀양살이를 오시게 되니, 아! 정축년(丁丑年 : 端宗이 승하한 해)의 일을 회고하면 오직 목이 메일 뿐이다. 그러나 엄홍도(嚴興道)가 있어서 피를 토하며 통곡해마지 않았도다. 단종이 승하함에 공은 마음을 굳게 먹고 관(棺)을 준비하여 양지바른 산 언덕에 수장(壽藏 : 葬事)하려 할 때 뭇사람들이 나라에서 앙화(殃禍)가 내릴 것이니 공연히 망령되이 나서지 말라고 만류하는데도 공은 흔연이 말하기를, "나는 의(義)로은 일을 하고 화(禍)를 당하는 것은 두려워하는 바가 아니다."하였다.

누대의 명신(名臣)들과 귀족(貴族)들은 모두 안일에 젖어 일신의 평안에만 급급하는데 하급직의 미미한 자리에 지나지 않았지만 그 의(義)로움은 당세에 가장 뛰어났도다. 그 후 이백 년의 세월이 흐르는 동안 사람들은 저마다 혀를 차며 경악(驚愕)하여 마지않았도다. 우암(尤菴) 송시열옹(宋時烈翁)이 나라에 고하니 칭송하는 소리가 빨리 퍼져나갔고 강원감사(江原監司) 홍만종(洪萬鍾)이 사당(祠堂)을 세우고 사육신(死六臣)과 더불어 제향(祭享)을 누리게 되니 경건히 머리 숙여 생각하는 숙종(肅宗)께서 폐허된 궐사(闕祠)를 보수하게 하시고 장능(莊陵)이 위(位)를 회복케 되므로 사람들은 물론 신(神)까지도 기꺼워하였더라.

숙종(肅宗)께서 홍도(興道)의 사적(事蹟)은 실로 높고 높으며 해와 달같이 소명(昭明)하고 태산(泰山)같이 높으니 이에 작록(爵祿)은 없으나 빛나는 용포(龍袍)를 포상(褒賞)함에 우리의 후(后)가 밝았으니 대저 그대는 영월(寧越) 사람으로 임의(林義)의 자손이니 오랜 세월 그 계자(系字)는 족보에서 빠졌지만 그 후손들은 오히려 가히 견디어오도다. 호현(好賢 : 忠毅公의 子)이 화(和)를 낳아 근근히 이어오는 것 같더니 희령(希齡)과 한예(韓禮)가 증손과 현손(玄孫)으로 점점 벌어져나갔으며, 오세손(五世孫) 응원(應垣)과 응평(應平) 그리고 응일(應一)에 미치니 응원(應垣)과 응평(應平)이 비록 죽어 후손이 없으나(당시 滅門之患을 당하는 것이 두려워 나타나지 않은 것으로 사료됨) 다행이 성(姓)은 같으나 파(派)가 다른 승진(承軫 : 실은 和의 子)에게 마침 화(和)에 딸이 있어 아내로 주었고 외손(外孫)인 제(悌)와 한(漢)이 이미 없으나 그 후

충의공(忠毅公) 흥도(興道)의 묘소. (강원도 영월군 영월읍 팔괴리)

에도 계속 대신 향화(香火 : 祭禮)를 받들어 오히려 결례(缺禮) 하는 일이 없었다.

팔계(八溪 : 영월읍 소재)에 있는 공의 묘소는 유좌혈(酉坐穴)인데 처음에는 보잘 것 없었으나 지금은 잘 손질되어 완연히 면목을 일신(一新)하게 되었다. 슬프다! 그대여, 그대의 행적(行蹟)이 알 갈 없어 유감(遺憾)없이 기술치 못함이 한이 되는구나. 그 충의(忠義)를 생각컨대 여타의 일들도 가히 헤아리고 남음이 있도다. 태화산(太華山)이 무너지고 금수(錦水 : 영월 동강)의 물이 마를지라도 그대의 이름은 길이길이 후세에 남아 천추(千秋)에 빛날 것이며

영월엄씨(寧越嚴氏) 명현(名賢)

멸하지 아니할 것이다.

  이제 내가 그대의 의기와 절의를 모아서 묘비(墓碑)에 적어 높이 들어 세상에 보이노니 마음과 뜻이 있는 자(者)는 이를 짓밟고 없애지 말지어다.

숭정(崇禎)99년 병오(丙午)10월 일
윤양래(尹陽來)는 아울러 씀

충의공 서간문(忠毅公 書簡文)

전에 있던 영월(寧越)에서 공직(公職)을 파(罷)하고 돌아온 고로 그간에 형좌(兄座 : 상대편을 높여 말함)와도 소식이 막히게 되니 추회(秋懷 : 그 때가 가을철이니 가을의 회포)가 막막합니다. 홀연이 사람의 발짝 소리가 나면서 곧 은혜로운 편지를 받아 보오니 이 글은 심상(尋常)한 편지가 아니었읍니다. 읽어보오니 아! 놀라움과 탄식을 이기지 못하겠습니다. 털끝만한 작은 일이라도 서로서로 돕는 것을 이 때(피신 중)에 아니하고 언제 다시 누구에게 베풀려 하는 것입니까. 이 죄루(罪累 : 허물)를 돌아보건대 세상 사람들이 멸시하는 바가 된 저 같은 재조(才操 : 재주)로 권력있고 세력있는 줄에 붙어서 벗어나려고 하니 오직 버림받을까 두렵습니다. 현(지명인데 지금 어디인지 모름)과 양(陽)(지명)의 거리가 한번 창옷(선비들이 출입할 때 입는 겉옷) 입을 정도(그리 멀지 않는 곳)의 땅이거늘 수개월 동안 한번도 문안조차 없으니 이제 비록 억지로 글월로써 부탁을 한들 어찌 기꺼이 한 털끝만치라도 받아들이겠습니까. 다만 스스로 욕을 당할 따름이오. 자못 피차간에 상(傷)하기 보다는 처음부터 부탁을 아니 한것만 같지 못하며 구차하게 요행을 바란다면 서로 아끼는 뜻에서 특히 한번쯤 털을 뽑는 정도의 일이라 하겠으니 어찌 잔말을 늘어놓겠습니까. 많은 말이 필요치 않

인물편(人物篇)

으니 가히 묵묵히 이해할만 합니다. 보내 주신 비(飛 : 鳥類)와 심(沈 : 물고기) 등 귀한 물건은 신세가 이만저만 아닙니다. 이 글을

장릉(莊陵). 조선의 제 6대 임금 단종의 능. (강원도 영월군 영월읍 영흥12리)

보시고 불 살라 주시기 또한 부탁드리면서 귀종씨(貴從氏 : 상대방의 사촌)를 움직이게 하려면 가히 바랄만한 도리가 없으니 다만 걱정만 간절합니다. 엎드려지며 자빠지면서 말씀 다 드리지 못합니다.

8월 27일

누인(累人 : 자유롭지 못한 몸) 흥도(興道) 돈(頓 : 머리숙임)

실기(實記)

12세손 휘 흥도공(興道公)은 조선초에 강원도 영월(寧越)에서 호장(戶長) 휘 한저공(漢著公)과 어머님 원주원씨(原州元氏) 사이에서 태어났다. 공은 영월의 호족(豪族)으로서 그 선대로부터 호장을 지내왔다.

당시는 세종이 재위 23년만에 승하하고 병약한 문종(文宗)이 왕

위에 올랐을 때이다. 겨우 재위 2년여 만에 승하하고 10세에 세자에 책봉되고 20세에 1452년에 보위에 올랐습니다. 문종은 어린 세자를 위해 중신 황보인(皇甫仁), 김종서(金宗瑞) 등에게 보필을 명하고 집현전의 성삼문, 신숙주, 박팽년 등에게도 부탁하는 유언을 남겼다.

그러나 숙부 수양대군(首陽大君)은 1453년(단종 원년) 10월 정인지, 한명회 등과 짜고 우선 황보인, 김종서 등을 참살한 다음 2년 후인 1455년(단종 3) 6월 단종을 상왕(上王)으로 삼고 왕위를 찬탈하였다. 이어서 1456년(세조 2) 6월 성삼문(成三問) 박팽년(朴彭年) 등 6신의 단종복위(端宗復位) 음모가 탈로나 참형당하고 1457년(세조 3) 6월에 상왕은 노산군(魯山君)으로 강봉(降封)되어 영월의 청령포(淸泠浦)에 유배되었다.

일설에 의하면 이때 엄호장은 청령포 근방에 살면서 어린 임금의 동정에 항상 깊은 관심을 갖고 있던 차 어느날 밤 울음소리를 듣고 괴이하게 여겨 강을 헤엄쳐 적소에 이르러 노산군을 만난 이후부터 밤마다 심방하였다 한다. 그리고 강물이 불어 적소를 영월읍내의 관풍헌(觀風軒)으로 옮긴 뒤에도 가까이 모시고 노산군이 출제궁시를 지으니 공은 그 차운시(次韻詩)를 지어 절의를 다짐한 기사도 전하고 있다.

그런데 이해 10월 들어 금성대군이 전남 순흥에서 노산복위를 모의하다가 발각되어 노산군은 서인(庶人)이 되고, 10월 24일 영월에서 죽음을 맞게되고 그 시신은 3족을 멸한다는 엄명이 내려 동강에 던져졌다.

당시의 노산군의 유배생활이나 참사에 대하여 금기시한 탓으로 집권세력이 편찬한 단종실록이나 세조실록에는 이 사실이 거의 무시되어 정확이 알 수 없다. 다만 김종직, 남효온 등 사림들이 온갖

박해를 무릅쓰고 남긴 자료들이 장능지(莊陵誌) 등에 기재되고 있어 그때의 정황을 전하고 있습니다.

1458년(세조 3) 10월 신해조(辛亥條) "노산군이 영월에 있다가 금성대군이 실패를 듣고 스스로 목을 매어 죽었으니 예법을 갖추어 장사지냈다." 하였다.

그러나 이와는 달리 야사를 인용한 장능지(莊陵誌)에는 다음과 같이 적고 있습니다.

"금부도사(禁府都事 : 王邦衍)가 사약을 받들고 영월에 이르러 감

청령포(淸泠浦). (강원도 영월군 남면 광천리)

히 들어가지 못하고 머뭇거리고 있으니 나장(邏將)이 시간이 늦어져서 일을 그릇칠까 발을 구르면서 급히 재촉하였다. 도사가 하는 수 없이 들어가서 뜰가운데 부복하니 노산군이 익선관과 곤룡포를 갖추고 마당 가운데로 나와 온 까닭을 물었으나 도사가 대답하지 못하였다. 그러자 평소에 노산을 모시던 한 공생(貢生)이 자청하여 이를 하겠다 하고 한가닥의 활줄로 목을 매어 죽였다.(松窩雜記 중)

"호장 엄흥도(嚴興道)가 옥가(獄街)를 왕래하면서 곡을 하고 관을 마련하여 그 이튿날 아전과 백성을 거느리고 장사지냈다고 한다."

"군(郡)의 북쪽 5리 되는 동을지(冬乙旨)에 묻었다."(前火赤冊 중)

"엄흥도(嚴興道)의 족당(族黨)들이 화가 미칠까 두려워하여 다투어 이를 말렸는데 '좋은 일을 하고 화를 당해도 내가 달게 여기는 바이다.'라고 하였다.(丙子錄 중)

당시 육순이 가까운 홍도공(興道公)은 노산군을 선산(先山)에 염장하고 곤룡포(袞龍袍)를 거두어 계룡산 동학사에 모신 후 깊이 숨었다고 전한다.

16세기에 들어서 세조의 훈구세력이 쇠하고 대의를 지키려는 신진사류들이 득세하면서 1506년(연산군 12) 중종반정 이후 조광조(趙光祖) 일파의 주청으로 소능(昭陵 : 단종의 생모 문종왕비능)이 복구되고 1516년(중종 11) 11월 왕명으로 노산묘소를 수축하고 치제케 하였다.

이때 우승지 신상(申鏛)은 "당초 단종이 죽음을 당했을 때 온 고을이 모두 황급하여 정황이 없었으나 호장 엄흥도(嚴興道)란 자가 있어 단종의 시신 옆에 나아가 곡하고 관을 갖추어 장사지냈다 합니다. 군민들은 지금까지 이러한 단종의 죽음에 대하여 애상해 마지 않습니다." 하여 엄호장의 충절이 바로서 세상에 알려져 왕조실록에 오르게 되었다.

1669년(현종 10) 정월 우의정 송시열(宋時烈)이 경연에서 "어지러운 시대일수록 절의를 더욱 숭상함이 옳을 것입니다. 청컨대 엄흥도의 후손을 찾아 녹용하여 세도를 진작케 해야 합니다."하고 진언하니 임금이 그 자손을 찾아 녹용하라 하였다.

1685년(숙종 11)에 강원감사 홍만종(洪萬鍾)이 노산군의 사당을 중수하고 육신사(六臣祠)를 세워 육신 위패를 봉안하면서 홍도공을 배향했는데 '호장엄흥도공신위(戶長嚴興道公神位)'라 하였다.

그뒤 1698년(숙종 24)에 전현감 신규(申圭)의 '노산군복위상소

(魯山君復位上疏)'에 따라 이해 11월 6일 경연에서 노산은 단종으로 복위되고 노산묘(魯山墓)는 장릉(莊陵)으로 추봉되니 노산이 영월에서 승하한지 241년만의 일이었다.

또한 이해 12월 우의정 최석정(崔錫鼎)이 상주하기를, "단종대왕(端宗大王)에서 변을 다하였을 때 호장 엄흥도는 위험과 사리(私利)를 돌보지 아니하고 임금의 옥체를 염습하여 장사지낸 충신으로 이미 육신사에 배향되었습니다. 단종을 복위하고 봉릉(封陵)함에 있어 의당 포상의 은전이 있어야 마땅하다고 사료됩니다. 그의 충절을 가상히 여겨 낭관직(郎官職)을 포증하옵소서."하니 숙종은 다음해 1699년(숙종 25) 1월 1일 공에게 공조좌랑(工曹佐郎)을 추증하였다.

1726년(영조 2)에 청주(淸州)에 사는 엄종한(嚴從漢)의 상소에 따라 왕명으로 정려하였는데 후일 영월로 옮겼다.

1739년(영조 15) 정월 봉상조제(奉常提調) 박사정(朴師正)이 장릉(莊陵)을 봉심(奉審)한 후 엄호장 후손 중 특출한 자의 녹용을 건의한 바 있었고, 1743년(영조 19)에 예조판서 이주진(李周鎭)의 복명에 따라 "백성들이 엄호장의 충절을 흠모하고 나라에서 충절을 권장하는 마당에 엄호장에 대한 관직을 가증하는 특전이 있어야 하고 춘추향사의 제수도 본도로 하여금 지급케 하시기 바랍니다."하니 영조는 "엄흥도의 이전에 흥도와 같은 자가 없었고, 흥도 이후에 흥도와 같은 자가 또한 있겠는가. 관계관(關係官)은 하대부(下大夫)로서 추증하고 춘추제수도 본도에서 지급하라."하고 공조참의에 가증하고 그 자손의 녹용도 지시하였다.

이어 1750년(영조 36)에 의산(義山)에 사우를 건립하고, 1758년(영조 34) 10월 예조판서 홍상한(洪象漢)의 진언에 따라 장릉추봉(莊陵追封) 주갑(周甲)을 맞아 사육신은 정경(正卿)에 특증하고 시호를 내리면서 참의에 추증된 엄흥도는 참판에 가증(加贈)되고 육신(六臣)과 함께 치제케 하였다. 그리고 1788년(정조 12)에 강원도에서 엄호장 정려에 치제케 하였다.

1833년(순조 33) 5월 16일 유생들이 상소키를, "엄흥도의 충절은 육신에 손색이 없을 뿐 아니라 장릉이 온전히 보전될 수 있었던 공로는 오로지 죽음을 무릅쓰고 단종의 옥체를 염습하여 안장했기 때문입니다. 그런 뜻에서 공의 충절은 사육신보다 더 탁월하다고 볼 수 있습니다. 그런데 사육신에 대해서는 모두 정경인 판서를 증직한데 반하여 공의 증직은 아경(亞卿)인 참판에 머무르고 있으니 국가의 궐전(闕典)이옵니다."하니 순조는 사육신과 같이 엄흥도공에게 공조판서를 가증하였다. 그리고 의산사(義山祠)는 의산서원(義山書院)으로 승격되고, 1857년(철종 10)에 울산(蔚山) 원강사(圓岡祠)에 제향하였다.

1876년(고종 13)에 진사 엄현좌(進士嚴顯左) 등의 상소가 있어 이해 11월 20일 충의라는 시호를 내렸다. 충의는 '일신의 죽음을 두려워 하지 않고 임금을 받들었으니 충, 그 성품이 강직하고 용기 있게 행동할 수 있었으니 곧 의(危身奉上曰忠 强而能斷曰毅)'라 함이다. 공이 정경(正卿)이 된지 44년만에 '충의(忠毅)'라는 시호(諡號)를 내린 것이다. 이는 실로 홍도공(興道公)께서 단종을 염장한 지 꼭 420년만의 일이다.

1900년(고종 37) 5월 엄주호(嚴柱鎬)의 주청으로 엄충의공(嚴忠毅公)에 대한 부조지전(不祧之典)에 모시게 하던 특전을 명하고, 1904년(고종 41)에 동학사 숙모전(肅慕殿)에 사육신과 함께 배향되었다.

1995년에 조야의 명신제현(名臣諸賢)들이 공께서 남긴 절의를 높이 평가하고 장릉(莊陵) 인근에 엄흥도충의공기념관(嚴興道忠毅

公紀念館)을 건립하였다. 또한 충의공의 충절을 담은 『정충록(旌忠錄)』2권과 『단종(端宗)과 충신엄흥도(忠臣嚴興道)』(嚴其元 著) 등이 있다.

공이 서거한 연대는 전하지 않으며 장자 호현(好賢), 차자 광순(光舜), 3자 성현(聖賢)을 두었다.

(자료출전 : 莊陵誌, 中宗, 肅宗, 英祖, 正宗, 純祖, 高宗實錄, 旌忠錄, 한국민족문화대백과사전)

충의공(忠毅公)과 단종(端宗)

충신 충의공(忠毅公) 엄흥도는 영월 엄씨 시조인 엄임의(嚴林義)의 12대 손으로 엄한서(嚴漢薯)와 원주원씨 사이에서 태어났다. 엄임의는 중극 한나라 때 대학자인 엄자릉(嚴子陵)의 후예로 당나라 음악을 전파하는 사신인 파락사(坡樂使)로 임명되어 부사(副使) 신경(辛鏡)과 함께 신라로 왔다. 그는 고려조 때 원외랑(員外郞)벼슬을 역임하다가 신경과 함께 산수가 빼어난 영월을 관향(貫鄕)으로 삼아 정착하였다. 그 후 두 사람은 결의 형제를 맺게 되었으며, 엄씨들은 하송리 은행나무 근처에 행정이라는 정자를 짓고, 영월 신씨들은 영흥리 물거리 부근에 이화정을 세운 채 두 집안은 후손 대대로 의좋게 살아왔다.

그후 세월이 흘러 조선 6대 임금 단종이 숙부인 수양대군에게 왕위를 빼앗기고 상왕으로 물러나 있다가 영월 청령포로 귀양을 오게 되었다.

단종은 여양부원군(礪良府院君) 송현수(宋玹壽)의 딸과 결혼한 후, 정순왕후로 책봉된 부인과 함께 행복한 나날을 보냈으나 결국 일년 반만에 생이별을 하게 되었다. 단종은 첨지중추원사(僉知中樞院使) 어득해(魚得海)와 군자감정(軍資監正) 김자행(金自行)그리고 판내시부사(判內侍 府事) 홍득경(洪得敬) 등 군사 50명의 호송을 받으며 서울 광나루에 있는 화양정을 출발하여 일주일만에 유배지인 영월 청령포에 도착하였다.

청령포는 3면이 푸른 강으로 둘러싸이고 칼날 같은 산들이 얽히고 설킨 천혜의 유배지로 밤이면 슬피 울부짖는 두견새의 울음소리가 끊일 줄 모르고 흐르는 포구의 거친 물소리만 들려오는 첩첩산중이다. 이곳에서의 어린 임금의 귀양생활은 말할 수 없을 정도로 처참하였다.

정순 왕후는 매일 아침 유배지인 동쪽의 영월을 향하여 통곡하였고, 단종은 한양 땅이 바라 보이는 층암절벽인 '노산대(魯山臺)'에 오를 때마다 왕후에 대한 사무치는 그리움으로 탄식하였다. 이러한 슬픔을 달래기 위해 주위에 흩어져 있는 돌을 주워 '망향탑(望鄕塔)'을 쌓았는데, 500여 년이 지난 지금도 이곳을 찾는 사람들은

충의공(忠毅公) 홍도(興道)의 정려각(旌閭閣). (장릉 내)

'노산대와 망향탑'에 얽힌 두 사람의 애절한 사랑 이야기에 눈시울을 적시곤 한다.

이때 영월 호장(戶長)으로, 의(義)와 불의(不義)를 구별할 줄 알고 충의를 아는 엄흥도는 단종의 유배지인 청령포를 찾아 어린 임금의 안위(安危)를 걱정하며 눈물을 흘리기도 하였다. 그러던 어느 날 영월에는 사나흘간이나 장대같은 빗줄기가 떨어지면서, 단종의 유배지로 가는 뱃길마저 끊어지고 큰 물나리가 났다. 이에 단종은 영월동헌의 객사(客舍)인 관풍헌(觀風軒)으로 거처를 옮기게 되었다. 관풍헌에서 생활하던 어린 단종은 저녁 노을이 물들 때면 홀로 자규루(子規樓)에 올라 부인 정순 왕후가 있는 한양을 바라보며 애절한 시를 읊었다.

한 마리 원한 맺힌 새가 궁중에서 나온 후 (一自寃禽出帝官)
외로운 몸, 짝없는 그림자가 푸른 산속 헤맨다. (孤身隻影碧山中)
밤이 가고 밤이 와도 잠을 못이루고 (假眠夜夜眠無暇)
해가 가고 해가 와도 한은 끝이 없구나. (窮恨年年恨不窮)

두견새 소리 끊어진 새벽 멧부리엔 달빛만 희고 (聲斷曉岑殘月白)
피를 뿌린 듯한 봄 골짜기에는 지는 꽃만 붉구나. (血流春谷落花紅)
하늘은 귀머거리인가? 애달픈 이 하소연 왜 듣지 못하나 (天聾尙未聞哀訴)
어쩌다 수심 많은 이 사람의 귀만 홀로 밝은고. (何奈愁仁耳獨聰)

충신 엄흥도는 이에 답하여 다음과 같은 차운시(次韻詩)를 지어서 단종에게 올린다.

한번 영월에 오시더니 환궁치 못하시옵고
드디어 흥도로 하여금 두려운 가운데 돌보시게 하였소.
작은 벼슬아치 육순에 충성을 다하고자 하거늘

영월엄씨(寧越嚴氏) 명현(名賢)

대왕은 17세의 운이 어찌 그리 궁하신지.
높이 뜬 하늘에는 밤마다 마음의 별이 붉고
위태로운 땅에는 해마다 눈물비가 붉도다.
힘없는 벼슬아치 의를 붙들고 일어서서
홀로 능히 이 일을 왕께 말씀드리려 하노라.

　단종이 노산군으로 강봉되어 첩첩산중인 영월에서 유배생활을 한지 얼마 되지 않아 경상도 순흥에서 금성대군과 부사 이보흠이 주도한 단종 복위 운동이 발각되었다. 이때 신숙주와 정인지, 한명회 등은 단종과 금성대군에게 사약을 내릴 것을 주청하였다. 이에 단종은 1457년 10월 24일 금부도사 왕방연이 가지고 온 사약을 받고 17세의 어린 나이로 숨을 거두고 말았다. 단종은 동강가에 버려졌으나, 역적의 시신에 손을 대면 삼족을 멸한다는 위협 때문에 그 누구도 시신에 손을 대지 못하였다. 이때 의협심이 강한 엄흥도는 날이 어두워지자, 아들 3형제와 함께 미리 준비한 관을 지게에 지고 단종의 시신을 염습하여 영월 엄씨들의 선산이 동을지산(冬乙旨山 : 현재 장릉)에 몰래 매장하였다. 공이 단종의 시신을 장사 지내려 할 때 주위 사람들은 후환을 두려워하여 간곡히 말렸으나, 불의와 의를 구별할 줄 알고 의협심이 강한 엄흥도는 "옳은 일을 하다가 그 어떠한 화를 당한다 해도 나는 달게 받겠다.(爲善被禍吾所甘心)"라는 말을 남기고 단종의 시신을 거두었다. 이에 엄씨 문중에서는 그가 남긴 이 유훈(遺訓)을 이어 받아, 그의 충의 정신을 높이 받들고 있다.

　엄흥도는 단종의 시신을 염습하여 지게에 지고 영월 엄씨들의 선산으로 향하였다. 이때가 음력 10월 하순이므로 동을지산의 푸른 다복솔 가지위에는 이미 함박눈이 쌓였고 살을 에는 듯한 찬바람이 불어왔다. 엄홍도는 잠깐 쉴만한 장소를 찾고 있는데, 언덕 소나무 밑에 숨어있던 노루 한 마리가 사람들의 인기척에 놀라 달아나서 그 자리를 보니 눈이 녹아 있었다. 엄충신은 단종의 시신이 들어 있는 관을 그 곳에 놓은 채 땀을 닦으면서 긴 호흡을 하였다. 그는 사람들의 눈에 띄지 않는 더 깊은 골짜기로 들어가려고 했지만 관이 얹혀 있는 지게가 움직이지 않는 것이었다. 그는 속으로 '아! 이곳이 명당인가 보구나.'라는 생각을 하면서 노루가 앉아 있는 그 자리에다 단종의 시신을 몰래 장사지냈다.

그후 엄홍도는 단종이 입고 있던 옷을 가지고 계룡산 동학사를 찾아가 생육신 김시습과 함께 그곳에다 단을 쌓고 초혼을 부르며 제사를 올린 후 종족을 감추어 버렸다. 지금도 공주 동학사 숙모전에는 엄홍도의 위패가 모셔져 있다.

동강에 버려진 단종을 장사지낸 공의 후손들은 눈을 피하여 먼곳으로 도망을 간 후 온갖 어려움과 고통을 견디면서 살아갔다.

세월이 흘러 정조 때는 조정에서 엄홍도의 충성을 높이 사서 강원도 관찰사로 하여금 제물을 대주어 엄충신의 묘를 단장하고 제사를 모시도록 하였다. 현재 공의 묘는 영월읍 팔계리(八溪里)에 있는데, 후손들에 의해서 잘 관리되고 있다.

단종이 승하한지 200여 년이 지난 1668년(현종 9)에 참판 여필용(呂必容)이 엄홍도의 복호(復戶)를 주청했으며, 그 다음 해에는 송시열(宋時烈)의 건의로 그의 후손들을 등용하였고, 1758년(영조 34)에는 종2품 가선대부(嘉善大夫)인 공조참판(工曹參判)으로 추증하고 영조가 친히 제문을 내려 사육신과 함께 모시도록 하명 하였다. 지금도 영월창절사(彰節祠)와 장릉 경내의 충신각, 문경 의산서원(義山書院)그리고 경북 문경시 산양면 위만리의 충절사에서는 엄 충신의 위패를 모시고 제향을 올리고 있다. 그리고 삼족지멸의 위험속에서도 단종의 시신을 장사지낸 엄흥도를 기리기 위하여 1726년(영조 2)에 청주에 정려각이 건립되었고, 1743년(영조 19)에는 엄흥도에게 공조참의 벼슬과 제물을 함께 내렸다.

그후 엄충신의 정려각은 1758년(영조 35)에 그의 고향인 영월로 옮겼으나 그 후 세월이 흘러 정려각이 허물어지자 1970년에 지금의 위치인 장릉 화소안으로 옮겨 세우고 그 앞에다 홍살문을 세웠다. 충의공 엄흥도의 충성과 업적은 조선왕조실록을 비롯하여 여러 문헌에 기록되어 있다. 또 삼족을 멸한다는 위협 속에서도 올곧은 충의정신 하나로 단종을 장사지낸 엄충신이 세상을 떠난 후 나라에서는 그의 충성과 의로운 행동에 보답하기 위하여 큰 벼슬과 시호를 내렸다.

또한 울산의 엄흥도 후손들이 1799년(정조 23)에 울주군 온사면 대정리에 원강사를 세워 그를 모셨다. 영조때 충의(忠義)를 기리는 정문(旌門)이 세워졌다. 원강사는 1817년(순조 17)사림이 논의하여 원강서원으로 승격되었으며 1994년에 삼동면 둔기리에 중건되었고 이때 묘정비도 함께 옮겼다. 홍문관제학 조진관이 엄흥도의 행적을 찬하고, 명필 이조원이 전액을, 동부승지 이익회가 비문을 썼다. 이 중 공조참판 엄공 원강서원비는 울산지방 문화재 자료 10호로 지정되어 있으며, 엄흥도의 생애와 위업에 대해서 상세히 밝혀져 있다.

문종(文宗)의 뒤를 이어, 단종이 12살의 어린 나이로 1452년 5월 18일 경복궁 근정전에서 즉위식을 올렸다. 그 즉위교서에서 단종은 '내가 어리고 해야 할 일을 잘 모르니, 모든 일을 정부, 육조와 더불어 의논하여 시행하겠다'고 하였다. 이는 앞으로 기왕의 왕권에서 신권이 중심이 되는 정치로 넘김을 알리는 것이다. 대저 20세 이하의 군주가 즉위하면 왕실의 제일 서열의 후비(后妃)가 수

렴청정을 하는 것이 상례였다.

　그러나 이 때의 왕실 사정은 대왕대비는 물론 대비도 없었으며 왕비마저 없었다. 따라서 정권은 문종의 고명대신들인 황보인(黃甫仁), 김종서(金宗瑞) 등의 원로 신료들에게 넘겨진 정황이었다.

　한편 왕권의 약세는 종실(宗室)의 군대들에게도 왕실 보호의 구실로 야망 달성을 위한 정치 참여의 동기를 주었다.

　세종에게는 6인의 비빈이 있었는데 18남 4녀의 소생들이 있었다. 그 중에서도 둘째 수양(首陽)과 셋째 안평(安平)의 권력 다툼이 심하였다.

　마침내 1453년 수양은 정인지(鄭麟趾), 권람(權擥), 한명회(韓明澮) 등과 함께 황보인, 김종서 등 왕의 보위세력들을 살해 제거하면서 집권하였다. 이를 계유정난(癸酉靖難)이라 하며, 이어 1955

배식단사(配食壇祠). (장릉 경내)

년 선양(禪讓 : 禪位)의 형식을 빌어 단종을 상왕(上王)으로 물리고 왕위에 올랐다.

그 해 성삼문, 박팽년 등 집현전(集賢殿) 학사들을 중심으로 한 단종복위가 기도되었으나 탄로나게 되어, 1457년 단종은 노산군(魯山君)으로 강봉(降封)되어 영월(寧越)에 유배되었고, 이어 10월 금성대군(錦城大君) 유(瑜)가 적소(謫所) 순흥(順興)에서 부사(府使) 이보흠(李甫欽)과 단종복위를 모의 하다 역시 발각되어, 노산군은 서인(庶人)이 되고 마침내 10월 24일 죽임을 당하였다.

노산군이 영월의 청령포(淸泠浦)에 유폐되었던 때, 아무도 그를 돌보지 않았으나, 오직 호장 엄흥도만이 삼엄한 경계 속에도 서강(西江)을 건너 노산의 적소에 출입하며, 종내 단종의 주검이 동강(東江)에 버려져 있어도 3족을 멸할 것이라는 지엄한 형세에서 역시 어느 누구도 나서지 않자, 엄호장은 족당들의 만류에도 불구하고 '선한 일을 하다 화를 입음은 내가 달게 여기는 바다(爲善被禍 吾所甘心)'하며, 세 아들과 함께 의연(毅然)히 시신 거두어 영월엄씨 선산인 동을지(冬乙旨)에 안장하였다. 여기가 지금의 장릉(莊陵)이다.

이후 엄호장은 가족들과 흩어져 김시습(金時習)을 만나 공주 동학사(東鶴寺)에 들어가 육단신(六壇臣 : 세조 때 招魂閣으로 이름하고, 고종때 肅慕殿으로 개칭 賜額됨) 위에 품(品)자형의 단을 만들어 어포(御袍)를 모시고 제사를 지냈다.

여말 선초에 전개된 여러 가지 변화는 정치사나 정치사상사에서 볼 때 중요한 의미를 지니게 된다. 정치사적으로는 역성혁명(易姓革命) 곧 왕조의 교체라는 역사적 변혁이 그것이고, 정치사상사적으로는 이같은 변혁을 합리화하고 정당화 할 수 있는 주자학(朱子學)의 수용인 것이다.

그러므로 조선왕조 국시(國是)의 첫째가 숭유억불(崇儒抑佛)이었던 만큼 이념상 국초부터 절의(節義)의 논의가 시작되었고, 이

문제는 이후 유학의 정착 성장과 그 궤(軌)를 같이 하면서 지속되었다.

여말 개혁주체들의 생각은 고려 왕조를 부정하는 역성(易姓)적 개혁이었다. 이때의 개혁세력이었던 신진 사대부(士大夫)들은, 수구세력을 개혁의 이름으로 몰아내고, 그들이 대신 새 왕조의 지배세력으로 나서는 방벌(放伐 : 易姓革命觀에 의한 失德한 君主를 내쫓는 일)을 내세운 개창이었다. 동시에 송(宋)으로부터 전래된 주자학(朱子學)을 통치이념으로 삼았던 것이다.

여말의 유학계는, 목은(牧隱) 이색(李穡) 문하의 포은(圃隱) 정몽주(鄭夢周) 계열과 정도전(鄭道傳), 권근(權近) 계열에 의해 역사관이나 현실에 대한 인식의 차이로 갈라지게 되었다.

정몽주 등은 강상(綱常 : 三綱과 五常, 곧 사람이 지켜야 할 근본적인 道里)의 절의(節義)를 존중하여 대의 명분을 내세우는『춘추(春秋)』를 중시하였으나, 정도전, 권근 등은『주역(周易)』의 변역을 중시하여 시대의 상황에 능동적으로 대처하는 변통을 우위로 삼았다.

이에 두문동(杜門洞)의 수절 유신들과 정몽주 문하의 길재(吉再)를 종조(宗祖)로 하는 역성혁명 반대 학자들에 의해 절의가 이념적 갈등으로 나타나게 되었다.

한편 체제 내에서는 왕위계승을 둘러싼 골육상쟁(骨肉相爭)의 비극이 거듭되는 가운데 정도전의 신권(臣權) 주도주장과 이방원(李芳遠)의 군권(君權) 확보 방침이 맞서게 되었다.

마침내 태종이 정권을 장악함으로써 왕권이 굳어지고, 국기(國紀)의 확보를 노려 정몽주의 절의를 높이고 영의정부사(領議政府事)로 추증하며 문충(文忠)의 시호를 내리는 등 충군보국(忠君報國)의 윤리를 강화하였다. 이에 왕권의 확립이 이루어지고, 이로 인해 세종조의 학계는 집현전을 중심으로한 관학 주도의 민족문화 창건에 이바지하는 바 되었다.

그러나 문종의 짧은 재위와 어린 단종의 즉위는 왕실의 위기를 가져왔다. 조정은 노숙한 권신들에 의해 주도되매, 수양대군이 군권 위협의 우려와 창건 왕실의 수호를 명분으로 왕위찬탈에 나서게 되었고, 이에 집현전 학사를 비롯한 신진사류(新進士類)들의 이념과 맞서게 되었. 이들이 목숨을 바쳐 의리를 지킨 사육신, 생육신 등 절신(節臣)들이다.

이에 학계는 다시 절의 문제가 현안으로 부상되었고, 처세관의 차이로 훈구(勳舊), 절의, 사림(士林), 청담(淸談) 등으로 갈라지게 되었다.

그러나 세조의 집권으로 정계는 훈구파의 패도(覇道 : 儒家에서 仁義를 무시하고 힘이나 權謀術數로써 다스리는 일)가 풍미(風靡)하게 되었다.

이에 국초 이래 학계의 두 흐름으로 이어왔던 관학파(官學派 : 주로 成均館, 四學, 鄕校 등의 敎育機關을 거친 勳舊派), 사림파(士林派 : 吉再가 節義를 내세워 鄕里에 내려가 後進을 양성한 이른바 嶺南學派)의 학파적 대립이 첨예화 되었다.

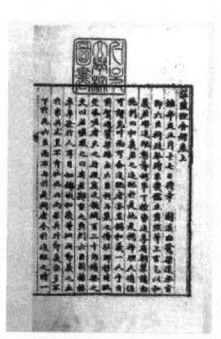

정조가 단종을 위하여 절의를 지킨 신하들을 추제(追祭), 배식(配食)하게 하였을 때 여기에 배식된 인물들의 명단을 기록한 책. 단종이 폐위되자 그에게 충절을 다하였던 여러 신하들을 추념하기 위하여 1791년(정조 15) 단종의 능인 장릉 옆에 단(壇)을 설치하여 정단(正壇)에는 32인, 별단(別壇)에는 198인을 추제, 배식하였다.

인물편(人物篇)

조선왕조 국시의 하나였던 유학이 정착되면서 사림이 시류를 타게 되었고, 성종(成宗)의 문치(文治)와 경국대전(經國大典)의 완성 등으로 양반 관료 체제가 성숙하게 되었다.

이로 사림의 대두는 곧 당시 지배층이었던 훈구세력들에게는 큰 걸림돌이 되었다. 이로에 조의제문(弔義帝文 : 項羽가 楚漢王을 죽인 故事를 빗대어 世祖의 簒奪을 諷刺한 金宗直의 글, 金馹孫이 史草에 記載)을 빌미로 사화(史禍)를 일으키고, 이어 거듭되는 사화(士禍)로 치닫게 하였다.

사림의 성장으로 저선의 유학은 정몽주, 길재, 김숙자, 김종직(金宗直), 김굉필(金宏弼), 정여창(鄭汝昌) 등으로 학맥을 잇고, 중종(中宗)에 이르러, 연산(燕山)에 의해 유린된 왕도와 사회기강을 바로잡기 위하여 조광조(趙光祖)의 주장으로 지치주의(至治主義)에 의한 왕도정치(王道政治)와 수기치인(修己治人)으로 본을 삼는 지배이념이 성립되었다.

이로써 사림은 도학(道學)으로 발전하였고, 이 도학사상을 계승하여 이론적 체계를 이룬 것이 성리학(性理學)의 발전이다.

유학의 성장 기반은, 선유(先儒)의 봉사(奉祀)와 후진양성을 목적으로 한 사학(私學)이었던 서원 백운동서원(白雲洞書院 : 賜額書院의 嚆矢)이었다. 이로써 관학(官學)과 맞서는 기반이 되었고, 이 때『소학(小學)』과 향약(鄕約)으로 인재를 양성하고 풍속을 교화하는 방법으로 삼았다.

조선 중기에 이르러, 성리학은 그 전성기를 맞아, 서경덕(徐敬德), 이언적(李彦迪), 이황(李滉), 기대승(奇大升), 이이(李珥), 성혼(成渾) 등을 위시하여 조식(曺植), 이항(李恒), 김인후(金麟厚), 장현광(張顯光) 등의 많은 학자들을 배출하고, 이황(李滉)과 이이(李珥)로 대표되는 영남(嶺南), 기호(畿湖)의 양대 학통으로

영월엄씨(寧越嚴氏) 명현(名賢)

분화 성숙되었다.

임진왜란은 조선 유학사에 있어서 전기(前期)를 마감하는 분기점이 된다. 외세와의 일대 국란을 치른 때라 극도로 피폐한 세태 속에서도 사상적으로 일본에 대한 적개심이 일고, 구국애족의 민족사상을 고취시켰다.

난중 의병(義兵)의 활동은 육전에서 승기를 잡고, 해전에서의 이순신의 전공과 더불어 전쟁을 승리로 이끄는데 공헌하였다.

이것은 유림(儒林)과 향민(鄕民)이 구국의 대의명분으로 결속되었기 때문이었다.

일부 의병장을 제하고는 거의 유림 출신이었다. 이들의 학통을 보면, 남명(南冥) 조식(曺植), 퇴계 이황, 율곡 이이의 문하가 대부분이었다. 이러한 전통은 후일 동학란 이후 한일합방 전후의 의병활동에도 영향을 주었다.

한편 정계에서 밀린 주로 남인들에 의하여 위정자에 대한 비판과 현실에 대한 객관적 평가 곧 자아반성의 풍조가 대두하기에 이르렀고, 이후 실학(實學)의 발생을 촉진하는 요인이 되기도 하였다.

17세기 전반 광해(光海), 인조(仁祖) 연간은 명(明), 청(淸)의 교체기로 왜란 때 원군을 보내 주었던 명이 새로 일어난 여진족의 일파인 청에게 명망되는 역천하(易天下)의 시세 아래 청이 두 차례나 호란(胡亂)을 일으키매, 주자학의 권위로서 존명(尊明)과 소중화(小中華)의 자부심에서 척화(斥和)와 주화(主和)로 명분과 실리가 엇갈리게 되었다. 이로써 민족적 자존심의 고양(高揚)과 충군애국(忠君愛國)등 절의의 숭상(崇尙)이 강조되었다.

호란 이후 효종(孝宗), 현종(顯宗), 숙종(肅宗)으로 이어지는 연간은 서인이 정계를 주름잡고 노론이 집권하던 때라 거유(巨儒) 우암(尤庵) 송시열(宋時烈 : 鳳林大君 뒤에 孝宗의 師父)의 학계 정계에 미친 영향이 컸다.

사회기강 곧 윤리의 확립이 요청됨에 따라 조선의 성리학은 예학(禮學)으로 발전하게 되고, 이는 유학의 실천과 강상의 확립에 기여하는 바 되었다. 그러나 예의 숭상이 도를 넘어 절대시되고 교화(敎化)되매 따라, 예송(禮訟) 등으로 붕당의 조성과 당쟁으로 그 폐해가 늘어나게 되고, 말기로 접어들면서 유학의 본거지인 서원이 그 본래의 기능과는 다리 여폐(餘弊 : 그 예로 老論의 領袖 宋時烈을 모시던 華陽洞書院의 作弊)가 심해져 갔다.

조선 후기에 이르러, 번쇄(煩鎖)하고 지리(支離)한 데로 흘러버린 성리학과 예학의 독선적 말폐(末弊)에 대한 반발과 반성이 일게 되었다. 그 반동으로 경사(經史)등에 대한 명확한 고증과 학문의 자율서에 각성하게 되고, 이에 경세치용(經世致用), 이용후생(利用厚生), 실사구시(實事求是)를 목적으로 하는 학풍이 일기 시작하였다. 유형원(柳馨遠)의 학통을 이은 이익(李瀷)을 비롯한 정약용(丁若鏞), 안정복(安鼎福), 이긍익(李肯翊), 한치윤(韓致奫), 이중환(李重煥), 박제가(朴齊家), 홍대용(洪大容), 박지원(朴趾源) 등 근기남인(近畿南人)들을 주로 하는 실학(實學)이 창성하게 되었다.

서력동점(西力東漸)의 정세 속에 서학(西學)의 도래는 유림의 반동으로 척화양이(斥和洋夷)의 명제 아래 천주학 박해라는 정치적 사상적 갈등을 야기시키면서 의리학파, 절의파로 갈려 맞서게 되었다. 더욱 외세의 각축과 침략이 노골화되면서 동학(東學) 등 민족의 자존과 애국의 사조가 크게 일었고 일제의 침략에 따라 시세에 저항하는 절의파, 실천파로 이어졌다.

역사적 사건은 우연하게 일어나는 게 아니라 인과관계(因果關係)에 기인하는 것이 보통이다. 무릇 그 평가는 후세의 상황과 가치관에 의하여 평가되는 것이 상례이므로, 사건의 진실은 역사가 증명하게 되는 것이다.

국초 태종에 이어 세종에 의해 군권지배가 확립되었으나, 문종, 단종대에 이르러 왕권이 흔들리자, 수양대군이 정란의 이름으로 왕위를 찬탈하고, 정권유지를 위해 고인과의 통혼 등으로 훈신세력의 출현을 보게 되었다.

아울러 종친들의 정치 참여의 길을 여는 한편 지지기반의 확충을 위해 지방의 사림을 육성하였다.

이로써 중앙의 훈구, 종친, 외척의 권신 세력과 지방의 사림이 대립되는 구도로 되었다. 그러다가 훈신과 외척이 이해를 같이 하면서 남이(南怡)등 종친을 물리치게 되고, 성종의 문치로 양반 관료 체제가 구축되면서 사림이 신장하게 되어 정국은 훈신과 사림의 대결로 압축되었다. (연산군에 의한 한때의 난정을 거쳐) 16세기 중종 이후 도학정치가 구현되면서 왕통에 의한 대권 계승과 그 권위가 확립되었다. 그러나 이에 신강(臣强)의 기반이 형성됨에 따라 국왕은 양반 관료의 수장(首長)으로 자리를 굳히게 되었다.

국왕은 세습되었으나 관료는 과거를 통해 등용됨으로써 우수한 인재가 배출되어 왕을 이끄는 제도로 발전하였다. 대간(臺諫)을 통해 왕의 잘못을 간쟁(諫諍)하고, 경연(經筵), 서연(書筵)을 통해 국왕, 왕세자의 행동과 사고를 지배하며, 사관(史官)을 통해 국왕을 감시하여 역사의 심판을 받게 하였다. 인사권, 군사권도 전랑(銓郎)등 신료들에 의하여 좌우되었다.

이에 중종도 후기에 훈신세력과 연대하여 조광조 등 일파를 몰아내게 되고 이후 사화가 속발되면서 훈신시대 말기 한때 외척 권신 시대가 되기도 하였다.

결국 시세는 사림의 편으로 기울었으나, 훈구, 외척 권신의 대적할

인물편(人物篇)

상대가 무너지자 사림은 붕당이 생기면서 당쟁으로 치달았다. 노소 남북으로 갈린 4색의 다툼은 왜, 호란의 국란을 겪으면서까지 지속되기에 이르렀다.

이에 정국안정과 왕권강화의 필요에서 탕평책과 외척이 등장하게 되었다. 숙종 이후 왕권이 신장되면서 영조, 정조 연간은 정국이 진정되고 문운이 창성하였다. 그러나 이후 어린 왕들이 속출됨에 따라 외척의 세도 정치가 정국을 주도하게 된 것이다.

이상 본바와 같이 조선왕조의 정치사는 사대부, 훈신(말기인 중종에서 명종 연간은 외척 권신), 사림후기 탕평, 외척 세도의 정치시대로 구분된다.

충의공의 사적을 살펴보면, 왕도가 안정되고 문운이 대세를 장악하여 절의의 사회 문화적 가치가 인정될 때 비로소 빛을 발했음을 알 수 있다. 무려 421년(1457~1878)이란 거의 왕조 기간에 걸쳐 그 행적이 계속 논의 되었음은 그 가치판단이 곡절과 부침을 말해주고 있다. 세조 이래, 엄호장의 행적이 세상에 드러나기까지 그 얼마였으며, 제대로 평가 받기까지 또 얼마였던가?

영월호장 엄흥도(嚴興道)의 시호(諡號)는 충의공(忠毅公)이다. 그러면 그 충의(忠毅)가 무엇을 의미하는 것인지 짚어보고자 한다. 그 뜻을 1878년(고종 15) 3월 26일자 교지(敎旨 : 조선 때 임금이 4품 이상의 文武官에 내리던 辭令)에 의하면 충(忠)은 '일신의 위험을 무릅쓰고 임금을 받드는 것(危身奉上曰忠)'을 말하며, 의(毅)는 '떳떳이 결단할 굳셈(强而能斷曰毅)'를 말한다.

『중용(中庸)』에 자로(子路)가 굳셈[强]에 대해 물었다. 공자가 어느 굳센 경우를 묻느냐고 반문하고 말하기를, "군자는 화합하되 휘지 않으니 굳세도다. 중도를 행하고 치우치지 않으니 굳세도다."라고 했고, 자사(子思)가 공자의 말을 인용하여 "성실함이란 착한 일을 가려 굳게 지키는 것이다.(誠之者擇善而固執之者也)"라고 했다.

당시 시장(諡狀)에는 충의(忠毅), 충강(忠剛), 충숙(忠肅)의 삼망이었는데, 그 중에서 의(毅)로 낙점된 것이다.

공께서 행한 일을 얼른 생각하면 충의(忠義)나 충절(忠節)로도 볼 수 있으나, 상고컨대 의(義)는 곧 오륜(五倫)의 하나인 '군신(君臣)의 사이에서 해야 할 일'을 뜻하고, 절(節)은 '윤리에 따른 의리를 굳게 지킬 일'을 말한다. 그러나 그가 행한 일은 윤리에 매인 의행이 아니라 인성(人性: 여기서는 仁, 義, 禮, 智 四端을 말함)의 기본인 인(仁)에서 우러나는 긍휼(矜恤)히 여기는 마음에서 된 것이다. 맹자가 이르기를 "사람은 참을 수 없는 사람의 마음, 즉 남의 고통이나 불행을 보고 불쌍히 여기며 동정하는 마음이 있는 것이니, 측은한 마음은 인에서 비롯되는 것이라"했다. 이는 곧 천성(天性)이요, 바뀌지 않는 이치인 것이다. 따라서 엄호장의 실행은 곧 시간과 공간을 초월한 이상적 인간상의 발로이다.

이렇게 볼 때, 공께서는 당시 영월의 한 호족(豪族)으로 호장(戶長)의 위치에 있었으니, 어떤 윤리적 부담을 가질 일이 아니었다.

그러므로 공의 행위는 의(義)나 절(節)에 의한 것이 아님을 알 수 있다. '해야 할 일' 곧 '의무(義務)'가 아닌 '안 해도 될 일', 하물며 '하지 말도록 한 일'을 오로지 인의(人義)에 따라 '떳떳이 굳세게(毅)' 행한 것이었다. 그것도 3족이 멸할 화(禍)를 입을지 모를 일을 무릅쓰고 살신성인(殺身成仁)의 본을 보인 것이다.

인간을 역사적, 도덕적, 이상적 인간으로 구별하는 것이 유학의 인간관이다. 역사적 인간이 종적, 시간적 파악이라면 도덕적 인간은 횡적, 공간적 파악이고, 이상적 인간은 시공을 초월한 영원한 인간상의 조명이다.

첫째 역사적 인간은 전통 속에 사는 인간이다. 사람이란 누구나 역사적 시점에 선 바로 역사적 존재인 것이다. 개인으로서는 면연히 이어온 가계(家系)의 일원이며, 사회적으로는 역사를 공휴 하는 문화적 공동체의 일원이다. 공자가 "옛 것을 익혀 새 것을 알면 능히 남의 스승이 될 수 있다.(溫故而知新 可以爲師矣)"고 한 것이나, "나는 옛 것을 전술할 뿐 짓지는 않으며, 그대로 믿고 옛 것을 좋아했음을 노팽과 가만히 견주어 본다."고 고백한 것은 스스로 역사적 존재임을 확인한 것이다.

다음 도덕적 인간은 수기안인(修己安人), 즉 내 몸을 먼저 닦고 그것을 미루어 나에게 가르치고 남을 편안히 하려는 안인(安人), 또는 치인(治人)이다.

끝으로 이상적 인간상은 위의 두 시각이 한데 모아진 인간이다. 이 이상적 인간이 군자(君子)이며, 인간이 추구해 마지않는 영원한 인간상이다. 하늘을 우러러 부끄럼이 없고 땅을 굽어보아 거리낌이 없는 그런 사람이다. 위로 '천리(天理)'를 깨닫고, 아래로 '인도(人道)'를 다함을 뜻한다.

그리고 진리를 행함이 남이 알아 주든 않든 개의지 않음이 요체(要諦)이다. 그래서 공자는 "남이 알아 주지 않아도 노여워 하지 않으면 또한 군자가 아니겠느냐."라고 했다. 자기의 이해를 초월한 나를 버린 사람이다.

학예, 사상 등 조선 문화의 최성기였던 영, 정조 때, 영조는 "흥도가 단종을 모심에 무엇을 구하는 바 있었으며 무엇을 바랐겠는가. 흥도 이전에 흥도 같은 이가 없었고, 흥도 이후에도 흥도 같은 이가 있겠는가"라고 하였다. 정조도 "엄호장이 무엇을 바라고 그 엄청 난 일을 훌륭히 하였겠는가."라고 하였다.

이 표현은 결코 찬사로만 볼 것이 아니다. 조선시대 인물전의 전형인 정조 때의 『국조인물고(國朝人物考)』에 2,065명이 넘는 인물

영월엄씨(寧越嚴氏) 명현(名賢)

가운데 다만 인의(仁義)를 다한 이는 오직 한 분 뿐이다.

(자료출전 : 嚴氏宗譜, 嚴政欽)

충의공 엄흥도의 행적과 그 역사적 의미

역사는 결코 현재를 살아가는 우리와 무관한 묻혀진 옛 기록만은 아니다. 역사적 사건이나 인물이 직간접으로 현재를 규정하고, 영향을 미치고 끊임없이 우리들의 삶을 되비추고 있는 수많은 경우를 어렵지 않게 찾아 볼 수 있다.

충의공 엄흥도는 오늘날 우리들에게 그리 널리 알려져 있는 인물은 아니다. 그러나 역사 속에서 그가 행한 역할의 중요성이나 상징적 의미는 결코 과소평가 될 수 없는 것이었다. 그럼에도 제대로 평가되지 못한 이유는 여러 가지 측면에서 설명될 수 있겠지만 어쨋든 오늘날에 와서 그에 관한 관심이 늘어나고 재평가하여 역사

충의공(忠毅公) 엄흥도(嚴興道) 기념관. (강원도 영월군 영월읍 팔괴리)

를 온전히 발굴, 복원하려는 노력들이 기울여지고 있는 것은 무척 다행스러운 일이라 하겠다.

역사 속의 단종사건을 취재하면서 나름대로 여러 가지 강한 인상을 받았고 현대를 살아가는 우리에게도 유의미한 부분이 많다고 생각하기에 프로그램을 제작하면서 보고 느낀 것을 중심으로 정리해 본다.

<TV 조선왕조실록>이라는 텔레비전 프로그램은 지난 3월 초부터 KBS 제1TV를 통해서 매주 화요일 밤 10:15~11:00에 방송되고 있다. 이 프로그램은 조선 건국초부터 순차적으로 각 시기별로 중요한 사건을 중심으로 『조선왕조실록』을 근거해 방송하고 있다. 『조선왕조실록』은 한문본으로 1,893권 888책에 달하는 방대한 분량으로 조선시대의 역사를 생생하게 정리하고 있는 세계적으로도 유례가 없는 독보적인 사료이다. 이를 인정받아 얼마 전에는 세계문화유산으로 지정 받기도 했다.

실록을 근거로 한다고는 하지만 워낙 방대한 분량, 복잡 다단한 사건들, 난해한 한문으로 인해 역사 비전문가인 프로듀서들이 이들 실록을 1차적인 자료로 접근하기에는 불가능하다. 또한 각 시기별로 어떤 사안을 선택하고 어떻게 다룰 것인가 하는 것도 무척 고민스러운 부분이 아닐 수 없다.

그래서 대체로 주제 선정은 대학에 계시는 역사를 전공하는 자문 교수들과의 회의를 통해 결정하고 연구된 논문을 1차 자료로 많이 활용한다. 그리고 원문을 대조할 필요가 있을 경우에는 한글로 번역된 CD롬을 이용한다.

역사 프로그램을 제작하면서 어떤 주제를 선택할 것인가 그리고 어떤 시간에서 그 주제를 다룰 것인가 하는데 있어서 나름대로 선정한 기준이 하나있다.

하나는 가능하면 이전에 별로 다루어지지 않았거나 잘 알려지지 않았던 사실에 주목하자는 것이다. 물론 중요한 역사적 사건의 경

영월엄씨(寧越嚴氏) 명현(名賢)

우 다루어지지 않은 것이 별로 없지만 정리된 역사해석 이면에 숨겨진 사건의 정화에 주목해 보자는 것이다.

둘째는 왕이나 대신 등 왕조 중심의 시각에서 일반 백성 즉 민중의 입장에서 역사를 바라보자는 것이다.

지금까지 우리의 역사교육이 대부분 왕조 중심이었기 때문에 많은 부분 우리들의 역사 음식도 왕이나 대신 등 권력층의 생각이나 움직임에 한정되어 왔다.

또한 『조선왕조실록』 자체가 그들 권력지배층에 의해 기록되었기 때문에 실록의 편향된 시각은 불가피한 측면도 있다. 그렇기 때문에 실록에만 근거한 역사인식은 당시 대를 총체적으로 볼 수 없는 한계가 있다.

사실 역사를 제대로 이해하기 위해서는 기록 자체는 극히 소략되어 있지만 역사의 주된 물줄기를 형성해 온 일반 문중들의 삶과 생각을 이해할 필요가 있다. 분명 이러한 민심이 역사를 움직여온 거대한 힘이있기 때문이다.

단종대에 있어서 주제 선택을 놓고 여러 가지를 고민 했었다. 단종은 우리에게 너무 잘 알려진 임금이다. 어린 나이에 왕위에 올라 삼촌인 수양대군에게 왕위를 뺏기고 영월 청령포로 쫓겨가 억울하게 죽어간 얘기는 영화나 드라마 소설 등을 통해 여러 번 다루어졌기 때문에 또 그런 얘기를 중심으로 삼는다면 자칫 식상한 주제가 되기 쉽기 때문이다.

여기서 우리가 주목한 것은 지금도 영월 지역에 단종에 관한 얘기가 유별나게 많이 전해져 내력오고 있고, 수백 년이 지난 오늘날에도 영월 주민들의 단종을 모시는 마음 또한 무척이나 각별하다는 점이었다.

물론 단종이 그 지역에 유배가서 잠시나마 살았었고 그곳에서 죽었다는 이유가 있겠지만 그것만으로는 잘 설명이 안 되는 것이 오백 년이나 지난 오늘의 시점에서도 너무나 생생하게 과거의 역사가 살아 숨쉬고 있다는 것이었다.

이런 현상의 원인을 찾아 과거로 거슬러 올라가 보면 거기에는 불의를 바로 잡으려는 거대한 민심이 있었고 그 중심에는 엄흥도라는 인물이 있었음을 어렵지 않게 확인할 수가 있다. 우리의 흥미를 끌게 한 것도 당시 영월 관아의 호장이었던 엄흥도의 존재와 그의 활약에 관한 것이다.

예나 지금이나 권력 싸움에는 피바람이 뒤따른다. 특히 정당성이 결여된 권력투쟁일수록 그 정도는 심하다. 대체로 불의한 권력을 쟁취한 측에서는 그들의 불법과 불의를 숨기기 위해 사실을 왜곡하고 진실의 확산을 막기 위해 강압적으로 언론을 차단한다.

소위 계유정난이라고 하는 사건을 통해 권력을 장악한 세조의 경우도 마찬가지였다. 단종을 영월로 유배 보내고 왕권을 차지한 세조는 계속되는 단종 복위 움직임에 불안을 느껴 마침내 단종을 사사하기에 이른다. 하지만 실록에는 어디에도 세조가 단종을 죽이도록 했다는 기록은 없다.

충의공(忠毅公) 동상. (기념관 경내)

영월엄씨(寧越嚴氏) 명현(名賢)

　오히려 영월로 유배를 떠나는 단종을 위해 화양정에서 위로 잔치를 베풀어 주고, 영월에서도 원포를 설치 단종에게 채소를 공급해 주도록 하고, 청령포에 우물을 파주도록 하는 등 세조의 따뜻한 면모를 부각하여 기록하고 있다.

　단종의 죽음에 관한 사실도 사사가 아니라 스스로 목을 맨 것으로 기록하고 있다. 이것은 어쩌면 당연한 일인지 모른다.

　역사를 기록한 주체가 계유 정란을 통해 권력을 장악한 공신들이었기 때문이다.

　하지만 왕위를 찬탈하고 어린 단종을 유배시킨 세조의 행위가 부당하다는 것을 누구보다도 가장 잘 알고 있었던 영월 주민들은 상당 부분 단종에게 동정적일 수 밖에 없었다. 다만 당시 억압적인 분위기 속에서 그들의 속내를 겉으로 드러내거나 어떤 행동을 쉽사리 실행할 수는 없었다.

　엄흥도는 그러한 험악한 분위기 속에서도 청령포에서 유배 생활을 하는 단종을 극진히 모셨다. 그것은 많은 사람들의 민심을 그대로 대변하는 행위였고 목숨을 걸만한 용기가 필요한 일이었을 것이다.

　단종이 마침내 사사되어 그 시신이 영월 동강에 버려졌을 때도 권력의 서슬이 무서워 누구하나 가까이 가보려 하지 않았다.

　당시의 상황을 인조 때 나만갑이 쓴 『병자록』에는 이렇게 기록하고 있다.

　"옥체가 물에 동동 떠서 돌아다니다가 다시 돌아오곤 했는데, 옥같이 고운 열 손가락이 수면에 떠 있었다."

　그런데 이런 살벌한 분위기 속에서도 당시 영월 관아의 호장이었던 엄흥도는 그의 아들 삼형제와 함께 단종의 시신을 몰래 수습하여 영월 장릉인 영월엄씨의 선산이었던 동을지산에 묻고 장사를 지낸다.

그리고 후환이 두려워 각국 각지로 뿔뿔이 흩어져 숨어 사는데 그 중 엄흥도는 큰 아들과 함께 공주 동학사로 가서 매월당 김시습과 함께 단종의 3년상을 치룬다. 그리고 한동안 이 사건은 역사 속에서 잊혀진다.

잊혀졌던 역사적 진실이 제대로 밝혀지는 데는 어느 정도의 시간의 경과가 필요하다. 좀더 정확히 말한다면 정권의 교체가 이루어지는 시점에 가야 사건의 진실을 규명할 수가 있다.

단종 사건에 대한 진실도 한동안 침묵 속에 묻혀 있다가 중종대에 가서야 조금씩 논의가 이루어진다. 그것은 성종 연간에 조금씩 등장하기 시작한 사림파들의 등장과 관련이 있다. 성리학적 정의 사상에 투철했던 사림파들은 계유정난을 통해 오랫동안 정권을 장악해 온 훈구공신들의 폐해를 공격하면서 그들이 저질렀던 역사의 불의를 바로 잡으려고 한다.

특히 중종 연간에 조광조를 중심으로 한 사림파들의 크게 득세하면서 그러한 활동은 활발해진다. 이러한 배경 아래에서 중종은 등극한 지 27년째 되던 해 우승지 신상을 보내 노산군의 묘에 치제하게 한다. 당시 실록을 기록했던 사관은 다음과 같은 첨기를 남기고 있다.

"신상이 와서 복명하고, 김안국과 함께 말하다 눈물을 흘리기까지 하며, 노산군의 묘는 영월군 서쪽 5리 길 곁에 있는데 높이가 겨우 두 자쯤되고, 여러 무덤이 곁에 총총했으니 고을 사람들이 군왕의 묘라 부르므로 비록 어린애라 할지라도 식별할 수 있다. 사람들이 하는 말이 당초 단종이 돌아가셨을 때는 온 고을이 황급해 있었는데 고을 아전 엄홍도란 사람이 찾아가 곡하고 관을 갖추어 장사했다고 하며 지금도 사람들이 상스럽게 여긴다고 하였다."

영월엄씨(寧越嚴氏) 명현(名賢)

이 일을 계기로 하여 역사의 복원 작업이 점차로 진행된다. 숙종 7년에는 노산대군으로 추봉이 되고 숙종 24년에는 신규의 상소에 의해 단종으로 복위되고 장릉이 조성되면서 왕릉으로서의 면모를 갖추게 되었다. 그리고 정조 15년에 배식단과 배식단사를 조성, 단종에게 충절을 지키다 죽임을 당한 사육신 등 모든 충신들에 대한 복권이 이루어지면서 완전하게 역사의 재평가가 마무리 되게 된다.

그런데 이 모든 역사의 복원 작업이 가능하게 했던 것은 무엇인가? 그것은 기본적으로 불의를 정의로 되돌려 놓으려는 거대한 민심에 기인하는 것이며 그러한 민의를 용기있게 행동에 옮긴 당시 영월 관아의 호장이었던 엄흥도의 충절이 있었기에 가능했을 것이다. 엄흥도의 그런 행동이 없었다면 아마도 역사의 복원 자체가 상당히 다른 방향으로 진행 되었을지도 모르는 일이고 오늘의 장릉이나 충절의 고장으로 상징되는 오늘의 영월도 없었을 것이다.

그런 엄흥도의 공로는 이미 역사적으로도 높이 평가되어 영조 19년인 1743년에 공조참의에 추증되고, 15년 뒤인 1758년에 공조참판에, 순조 33년에는 공조판서에 추증되고, 고종 14년인 1877년에는 충의공이라는 시호가 내려진다.

사실 엄격한 신분제 사회였던 조선시대 일개 시골 관아의 호장에게 이 정도의 높은 평가를 했다는 자체가 엄흥도의 행적의 중요성을 충분히 인정하고 있는 것이다.

그런데 재미있는 것은 이런 기록으로 남아 있는 왕조의 공식적인 평가 못지않게 민간에서도 엄흥도의 충절이 높이 평가되어 왔다는 사실이다. 물론 그것은 체계적인 기록에 희한 것이 아니고 민간에서의 구전에 의한 것이다.

구전에 의한 것이라 전승과정에서 원래의 내용 자체가 상당히 변질되기도 하고 그나마 오늘날에는 점차 잊혀져 가고 단절되어 가고 있기는 하지만 아직도 사람들의 기억 속에 생생히 살아 전해져 오고 있는 내용들을 분석해 보면 당시 세간의 평가가 어떠했는지 짐작해 볼 수 있다.

오늘날에도 영월과 태백산 일대에는 단종을 신으로 모시는 민속 신앙 형태의 종교 행위가 활발하게 이루어지고 있다.

그런 현상의 원인은 여러 측면에서 설명이 될 수 있겠지만 그 출발점은 단종의 폐위와 죽음이 억울하다 라는 세간의 인식, 그리고 그렇게 억울하게 죽은 단종의 원혼을 위로하고 그런 행위를 통해 개인과 마을의 평안과 행복을 구할 수 있다는 믿음에서 나타난 것으로 보인다.

한동안 이런 민간 신앙이 식민지 사관과 일부 기성 종교에 의해 미신으로 공격받고 무시되어 왔지만 사실 이런 민간신앙은 역사적으로도 매우 중요한 의미를 갖는 것이다.

그것은 사실 왜곡되고 언로가 차단되는 시대 상황 속에서 역사적 재평가가 이루어질 때까지 역사적 진실을 보전하는 통로 역할을 해 온 것이다. 물론 이런 형태의 역사 전승에는 약간의 변형과 설화적인 요소가 가미되기는 하나 그 본질에는 변화가 없다.

그 한 예가 태백시 고한면의 어평 성황당이다. '단종이 산신령이 되어 태백산으로 가다 쉬었다 간 곳'이라고 하여 붙여진 이름인데 그 옆에는 '엄나무'라는 당산목이 있다. 여기서 '엄나무'는 단종을 늘 가까이서 충시로 모셨던 엄홍도를 상징하는 것이다. 재미있는 것은 이 지역 사람들은 지금도 단종을 모시는 성황당 옆에는 꼭 엄홍도 충신을 상징하는 '엄나무'가 나서 자라고 있다는 믿음을 갖고 있다는 사실이다.

사실 과학적으로는 이런 믿음을 설명할 수는 없다. 사람들은 서낭당 주위에 자라고 있는 개두릅나무에 '엄나무'라는 이름을 붙이고 엄홍도는 죽어서도 단종을 가까이서 모신ㄴ다고 믿고 있는 것이다. 중요한 것은 그런 믿음 체계 속에서 엄홍도의 단종에 대한 충절의식과 드러내 놓고 말하지 못하는 역사적 진실을 후세에 전해 온 것이다.

또 하나 민간의 그런 믿음이 그리 오래 전이 아닌 바로 얼마 전까지만 해도 생생하게 살아 전해져 오고 있었음을 한 시골 노인의 증언을 통해 확인할 수가 있었다.

단종이 한양에서 영월로 유배를 갔던 유뱃길 주변에서 살아 온 양평군 비림리의 김홍길(82) 노인은 어려서 전해들은 이야기라고 하면서 단종이 유배간 사연하며, 청령포에서 생활과 죽음 그리고 충의공 엄홍도에 관한 일화를 아주 정확하게 알고 있었다.

특별히 따로 공부를 한 것이 아닐텐데 김홍길 노인이 그처럼 잘 알고 있다는 것은 적어도 몇십 년 전까지만 해도 광범위하게 역사적 사실이 구전 형태로 전해져 왔음을 확인할 수가 있었다.

이처럼 우리는 단종사건과 관련하여 전해져 내려오는 다양한 이야기들 속에서 충의공 엄홍도가 어떻게 세가에서 평가되어 왔는지를 분명히 알 수가 있다.

하지만 정작 오늘날에 와서 사람들은 엄홍도에 관해서 얼마나 알고 있을까? 단언할 수는 없지만 그 대답은 상당히 부정적이다.

그것은 그동안 차분히 우리 역사를 돌이켜 볼 여유가 없었던 탓도 있었지만 처음에 지적했듯이 역사 교육의 잘못된 관행과 시각 탓일 수도 있다.

이런 의미에서 이번에 영월에 건립하려고 하는 충의공 엄홍도 기념관은 여러 가지로 그 의미가 크다고 생각된다. 한동안 무관심 속에 묻혀져 있던 우리의 소중한 역사를 되살리고 그 의미를 후세에 길이 전달할 수 있는 계기가 될 것이다.

한편으로는 여러 가지 사정으로 방치되고 훼손된 우리의 역사를 제대로 발굴하고 복원해 나가야 할 필요성을 널리 인식시키고 확산시키는 기회로 삼았으면 하는 기대를 해 본다.

역사란 결코 현재를 살아가고 있는 우리와는 무관한 얘기가 아니다. 지나간 과거는 현재의 우리를 규정하고 있으며 앞으로 우리가 살아야 할 삶의 방향을 암시하고 있는 것이다.

특히 요즘과 같은 물질만능주의와 지나친 이기주의, 그리고 부도덕과 불신이 팽배한 사회에서 우리가 숭앙해야 할 가치가 무엇인지를 충의공 엄홍도가 남겼다는 유훈을 통해 짐작해 볼 수 있을 것이다.

"위선피화 오소감심(僞善被禍吾所甘心 : 옳은 일을 하다가 화를 당한다면 나는 달게 받겠다)"

(자료출전 : 嚴氏宗譜, 이완희)

엄효량(嚴孝良)

조선 성종조의 문신이다.

부사공(府使公) 실기(實記)

휘 효량공(孝良公)의 아버님은 국재공(國材公)이다. 1476년(성종 7) 별시문과(別試文科)에 병과로 급제하시고 훈도(訓導)로 있다가 1482년(성종 13)에 성균관(成均館)의 박사(博士)가 되었다. 성종은 학문의 진흥과 치국의 요도를 위하여 홍문관(弘文館) 존경각(尊經閣) 독서당(讀書堂)을 설립하였다.

그런데 이해 여름에 성균관의 직강(直講) 하형산(河荊山)이 유생들의 사장(師長)들을 비방하는 배율시(排律詩) 10운(韻)을 관직방

영월엄씨(寧越嚴氏) 명현(名賢)

벽에 붙여놓은 것을 발견하고 곧 파기하였다. 그러나 8월에 이르러 이맹사(李孟思)에게 그 시문을 읽어주고 효량공등 4인의 성균관원들이 이조에 보고하여 큰 옥사로 번졌다. 그 시(詩)는 다음과 같다.

누가 성균관(成均館)을 현관(賢關)이라고 말하였던가?
썩고 용렬한 무리들이 그 벼슬을 차지하였도다.
술을 들어 입술에 대어 양볼만 벌름거리고,
입을 벌려 유생(儒生)들을 꾸짖으며 흉악한 성질만을 부리네.
홍동(洪同)은 이미 죽고 임동(林同)만이 남았으며,
이학(李學)이 돌아가자 조학(趙學)이 다시 왔네.
늙은 놈은 어서 바삐 산관(散官)에 두어 마땅하고
충여(忠餘)는 하루 속히 한직(閑職)에 던져야 적합하이.
남생(南生)의 소주(疏奏)에 심장(心臟)이 두근거릴 것이며,
이자(李子)의 시장(詩章)에 간담(肝膽)이 또한 서늘하리라.
의록(衣錄) 방성(方成)은 어찌 족히 따지리오마는
추량(鶩梁), 송적(宋籍)은 볼 것조차 없구나.
가난한 누이 돌보지 않았으니 얼굴이 어찌 그다지도 두터우며,
아비를 봉양할 겨를이 없으니 행실이 또한 잔인하구나.
겉으로는 정직(正直)한 체 하면서 속으로는 거짓을 품었고,
외양으론 관유(寬柔)함을 보이면서 속은 진실로 간사하구나.
성균관(成均館)의 제자(弟子)들을 불쌍하게 여기노니,
어디에 덕(德)이 있다 여기고 낯을 대하리오?

이 배율시(排律詩)가 알려지자 성균관동지사(成均館同知事) 임수겸(林守謙) 대사성(大司成) 노자형(盧自亨) 등이 아뢰기를, "국학

인물편(人物篇)

(國學)은 풍화(風化)의 근원이므로 마땅히 재행이 겸비한 자를 택하여 있게 해야 합니다. 신등은 용렬한 인재로서 외람되게 스승의 자리를 차지하였으므로 지금 유생들의 기롱과 모욕을 당하였으니 부끄러운 낯으로 재직하기 미안하니 사면하게 하여주소서"하였다. 그러나 임금은 윤허하지 아니하고 "예조에 성균관(成均館)의 상하재(齋)의 유사(有司)들을 추문(推問)하는 동안 과거(科擧)를 중단하고, 의금부(義禁府)에서는 사장(師長)을 일일이 비방하면서 시를 지어 기롱하고 모욕한 유사(有司)들을 끝까지 조사하여 아뢰라"고 명하였다.

　이때 사신(史臣)은 논평(論評)하기를, "홍동(洪同)과 임동(林同)은 동지사(同知事) 홍경손(洪敬孫)과 임수겸(林守謙)을 가리킨 것이고 이학(李學)과 조학(趙學)은 학관(學官)인 이병규(李丙圭)와 조원경(趙元卿)을 가리킨 것이며 충여(忠餘)는 직강(直講) 김원석(金錫元)을 가리킨 것이니 김석원은 이때 감찬(疳瘡 : 매독)을 앓고 있었다. 남생(南生)은 진사 남효온(南孝溫)을 가리킨 것이니 이온(李溫)은 일찍이 상서(上書)하여 사표(師表)가 될만한 사람이 없는 것을 논하였고, 이생(李生)은 분명하게 어느 사람을 가리켜 말한것인지 모르겠으나 홍경손(洪敬孫)과 임수겸(林守謙)은 '백발(白髮)을 이고 백마(白馬)를 타는 자'라고 기롱하고 있어 성균관의 벽상에 쓰기를 '나그네여, 나그네여, 그 마(馬)도 또한 회(白)구나 하얀 사람의 흰 것이 백마(白馬)의 흰 것과 다름이 없구나.'라 하였는데 이 시를 쓴 사람은 간혹 유생(儒生) 이오(李鰲)가 쓴 것이라 하기도 하여 아마도 이 사람을 가리킨 것이 아닌가 생각 된다. 의록(衣錄)과 추양(鶖梁)은 사성방강(司成方綱)과 곡적 송원창(曲籍宋元昌)을 가리킨 것이니, 이들은 첩을 데리고 살았으며 가난한 누이를 거두어 돌보지 않았다는 것은 동지사(同知事) 유진(兪鎭)이

홀로된 누이를 거두어 돌보지 않은 것을 가리킨 것이고, 아비를 봉양할 겨를이 없다는 것은 전적(典籍) 황진손(黃震孫)이 고향에 돌아가서 노친을 봉양하지 않은 것을 가리킨 것이며 그밖에는 누구를 가리킨 것인지 알 수 없다."고 지적하고 있다.

그런데 이조(吏曹)에서 조사하게 되자 하형산(河荊山)이 배율시(排律詩)의 한 귀절을 기억하지 못하고 잊어버려 또한 문제가 되었다. 이일로 많은 유생들이 투옥되어 오래 조사받는 동안 최린(崔璘)과 이두(李杜)는 왕자변(王子邊)의 이름을 한 사람이라고 하여 의금부에서 하형산(河荊山), 이두(李杜), 노창(盧琩), 문빈(文彬) 등을 형장(刑杖)으로 신문하기를 임금께 청하자 승문원박사(承文院博士) 김률(金硉), 예문관봉교(藝文館奉敎) 최린(崔璘), 성균관박사(成均館博士) 엄효량(嚴孝良), 전교서저작(典敎署著作) 권호(權顥) 등이 다음과 같은 요지(要旨)의 상소(上疏)를 올렸습니다.

"사관(四館)을 설치한 것은 본래 유생을 규정(糾正)하고 명교(名敎)를 유지하기 위한 것입니다. 신(臣) 등은 사장(師長)을 비방하는 시장(詩章)을 듣고 몹시 분개하여 예조(禮曹)에게 알리고 주달했는데 도리어 유생들과 더불어 옥(獄)에 나아가 변명하게 되고 수일후 석방되었습니다만 아직도 많은 사람들이 갇혀 있습니다. 신 등이 그 사람을 비호하려 했다면 이를 고발하지 않았을 것이며, 알고 있었다면 추문(推問)을 기다리지 않았을 것입니다. 시를 보건대 시작(詩作)에 능하고 사장(師長)을 매우 미워하는 사람입니다. 또 왼손 글씨로 썼다하니 성균관에 글 잘 짓고 사장(師長)을 미워하는 자인데, 글 잘 쓰는 자가 많지 않을 것이니 추문(推問)한다면 단서를 찾아낼 수 있을 것입니다. 비록 찾아내지 못하더라도 가두어 고생시킨 후라야 후일 나쁜 짓을 하는 자를 징계할 수 있을 것

인물편(人物篇)

인데 한번 물어보고 알지 못한다고 하면 과거(科擧)를 보도록 하니 유생 중에 비록 아는 사람이 있더라도 남에게 알리지 않을 것입니다. 신 등은 장차 사관(四館)을 다스리는 사람은 비록 유생들의 허물을 듣더라도 그들이 자기에게 핍박할 것을 두려워하여 먼저 말을 꺼내는 것을 어렵게 여겨서 유생의 기풍(氣風)이 날로 경박해져 나쁜 짓을 밝혀 바로 잡을 수가 없게될 것을 염려합니다. 삼가 바라건대 특별히 성상(聖上)께서 이를 살피시어 신 등이 유생의 기풍(氣風)을 규정하여 명교(名敎)를 유지하려는 본뜻을 이루게 하소서"

상소(上疏)에 접한 성종(成宗)임금이 "왼손 글씨를 잘쓰는 사람을 추국(推鞫)하라"고 전교하니 의금부에서 오랫동안 추국하였으나 시작자(詩作者)가 나타나지 않았다.

임금이 사헌부에 전교하기를 "대저 유생들은 성인(聖人)의 도(道)를 배워서 후일에 임금을 섬겨 도(道)를 행하는 것으로써 뜻을 품고 있어야 한다. 지금 성균관의 유생들은 사장(師長)을 일일이 비방하여 시를 지어 비난하고 업신여겼으니 풍속을 이패시킨 것이 이보다 심한 것이 없다. 끝까지 추국할 것이지만 이미 형적(形迹)이 없어졌고 또 죄 없으면서 뜻밖의 재앙에 걸리는 사람이 없겠느냐? 지금 선비를 뽑는 길이 넓지 못하니 특별히 모두 이를 내버려 두도록 하라."하여 오랫동안 끌었던 익명시(匿名詩)사건은 일단락 되었다. 그러나 이때 유생을 규정(糾正)하고 명교(名敎)를 유지하려는 성균박사 효량공(孝良公)등의 규찰정신(糾察精神)은 높이 평가받았다.

조선초기에 엄문(嚴門)에서 세번째로 등과하였던 효량공(孝良公)은 후일 성균관의 전적(典籍)을 거쳐 부사(府使)를 지냈다.

(자료출전 : 成宗實錄, 國朝榜目)

영월엄씨(寧越嚴氏) 명현(名賢)

엄산수(嚴山壽)

1422년(세종 4)에 태어나서 1540년(연산군 10)에 별세하였다.

엄숙의(嚴淑儀)와 산수공(山壽公) 일가(一家)의 참변(慘變)

13세손 휘 산수공(山壽公)은 세종 때 삼군도총제부좌군동지총제(三軍都摠制府左軍同知摠制)을 지신 휘 유온공(有溫公)의 장손(長孫)이며 12세손 휘 극인공(克仁公)과 이조판서(吏曹判書)를 지내신 휘 부공(俯公)의 따님이신 전주최씨(全州崔氏) 사이에서 태어났다. 일찍이 관직에 나아가 사직(司直)을 지냈다.

산수공(山壽公)의 3남2녀 중의 차녀(次女)는 입궐하여 성종의 귀인숙의(貴人淑儀)가 되고 그 따님 공신옹주(恭信翁主)는 청녕위(淸寧尉) 한경침(韓景琛)과 혼인하였다.

그러나 성종비 윤씨(尹氏)의 심한 질투로 비의 체모를 벗어나자 성종 10년에 폐비(廢妃)되고 다음 해에 사사되었다. 이 폐비윤(廢妃尹)씨의 소생 융이 성종을 이어서 집권한 연산군이다. 연산군은 성질이 포악하여 폐비 윤씨가 귀인 엄숙의와 정소의(鄭召儀)의 참소로 죽었다는 간신 임사홍(任仕洪)의 무고를 듣고 1504년 연산군 10년 3월 20일 엄(嚴), 정두 숙의(淑儀)를 복살(撲殺)하였다. 그리고 율문(律文)에 연좌할 수 없는 82재(才)인 친정아버님과 회(誨), 계(誠) 두 오라비, 그리고 큰언니 단계부정(丹溪副正)의 아내 김소사(金召使) 서누이 등을 모두 유배시키고 가산을 적몰하였다. 또 연산군은 엄숙의(嚴淑儀)의 성을 쓰지 못하게 하여 사관(史官)은 은소사(銀召使)라 쓰고 4월 1일 산수공은 참형을 당하였다. 이어서 6월에 폐비윤씨와 관련된 재상들은 모두 처형당했다. 뿐만 아니라 그 부친은 주멸하고 자녀들은 안치하였으며 그 가산은 모두 몰수하고 자매형제들은 나륙하였으며 그 집은 저택(瀦澤 : 파헤쳐서 못을 만듬)하고 표석(標石)에 죄명을 새겨 만세에 증계한다고 하였다.

다음해 1505년(연산군 11) 1월 16일 연산군은 산수공의 유골을 갈아 강 건너에 뿌렸습니다. 그리고 유배한지 2년만인 1506년(연산군 12) 7월 1일 엄숙의의 오라버니 회(誨), 계(誠) 두 분도 효수형(梟首刑)에 처했는데 이로써 연산군은 엄숙의의 친정을 완전히 파멸케 하였다.

그런데 엄(嚴), 정 두 숙의(淑儀)를 무고하고 출세했던 간신 임사홍(任士洪)도 1506년(연산군 12) 4월 17일 중국사신을 공대하지 않은 죄로 처벌받게 되니 이때 사신은 임사홍의 엄(嚴), 정양숙의(鄭兩淑儀) 사실을 처음으로 기술하게 되었다.

그러나 사필귀정으로 포악무도한 연산군은 1506년 9월 2일 전이조판서(前吏曹判書) 성희안(成希顔)과 박원종(朴元宗) 등에 의해서 유폐되고 진성태군(晋城太君)이 보위에 올라 중종대왕이 되었다. 중종이 즉위한지 월여만인 10월 27일 엄숙의(嚴淑儀)는 특명으로 복위되고 동11월 11일 나라에서 3년간 제물을 마련하여 제급하고 친정아버지 산수공(山壽公)과 회(誨), 계(誠) 두오라비도 뒤에 가선대부(嘉善大夫) 공조참의(工曹參議)로 추증되었다. 이로써 참화 2년만에 신원(伸冤)되었다.

그리고 엄숙의(嚴淑儀)의 딸 청영위옹주(淸寧尉翁主)는 귀양갈 때 아버님 신주를 적소에 모시고 가서 조석으로 제사를 지내고 석방될 때 신주를 앞세웠다. 경연(經筵)에서 좌의정 박원종(朴元宗)이 임금께 행실을 아뢰니 정려를 명하였다. 한편 중종반정(中宗反正)때 임사홍(任士洪)은 처형되고 연산군은 교동(喬洞)에 유폐되었다가 병사하였다. 하지만 산수공일가(山壽公一家)의 후손들이 겪

영월엄씨(寧越嚴氏) 명현(名賢)

은 원통함은 헤아릴 수 없이 컸다.

배위 증숙부인(贈淑夫人)은 남양홍씨(南陽洪氏)이며 선공감봉사(繕工監奉仕)인 장남훈(長男訓)은 이천(利川)에 은거하며 화를 면했다.

(자료출전 : 燕山君日記, 中宗實錄)

엄송수(嚴松壽)

조선조에 관직이 교리(校理)에 이르렀다.

교리공 실기(敎理公 實記)

13세손 휘 송수공(松壽公)은 1447년(세종 29)에 아버님 휘 극인공(克仁公)과 이조판서(吏曹判書) 휘 부공(俯公)의 따님 전주최씨(全州崔氏)와의 사이에서 차남(次男)으로 태어났다. 송수공은 현감(縣監)을 지내고 1468년(세조 13)에 식년문과(式年文科)에 병과(丙科)로 급제하였으며 승문원(承文阮)의 교리(敎理)를 지냈다.

그러나 송수공은 산수공(山壽公)과 형제였던 까닭에 연산군조의 갑자사화(甲子士禍)로 질녀(姪女)인 엄귀인(嚴貴人)人))의 참화 때 계자(系子)인 회공(誨公)도 참사당하게 되고 관계(官界)를 떠나야 했으며 산수공일가의 참변과 더불어 모든 기록이 일실(逸失)된 듯 전하는 바가 없다.

배위숙인(配位淑人) 양천허씨(陽川許氏)는 도사(都事) 휘 업공(業公)의 따님으로 금천현감(衿川縣監)을 지낸 계자(系子) 회(誨 : 생부 산수공)는 연산조때 참화를 당했다.

(자료출전 : 國朝榜目)

엄용순(嚴用順)

자(字)는 효중(孝仲), 호(號)는 남당(南塘)이다.
조선 중종조의 저명한 학자(學者)로 칭송을 받았다.

용순공 실기(用順公 實記)

15세손 휘 용순공(用順公)은 총제공(摠制公)의 고손(高孫)이며 연산조 때 엄귀인(嚴貴人)의 갑자참화(甲子慘禍)로 생졸등 기록이 모두 멸실되었다. 아버님 선공감봉사(繕工監奉仕) 휘 훈공(訓公)과 어머님 숙인장씨(淑人張氏)와의 사이에서 3남으로 태어났다.

성품이 지극히 순수하고 인의(仁義)를 존중하며 어버이에 대한 효성이 지극하였다. 용순공(用順公)은 중종조(中宗朝)에 사마시(司馬試)에 합격하였으나 1519년(중종 14) 11월에 남곤(南袞), 심정(沈貞), 홍성주(洪星周) 등의 훈구재상(勳舊宰相)들이 조광조(趙光祖), 김정(金淨), 김식(金湜) 등의 젊은 신진사류(新進士類)들을 몰아내고 귀양보내거나 사사(賜死)한 기묘사화(己卯士禍) 이후 과거에 뜻을 두지 아니하고 평생 은둔하였다.

공은 경기도 이천 부북에 있는 갈마산(葛麻山) 아래의 돈오피리(敦五皮里)에 은거하며 느티나무를 심고 정자를 지어 육괴정(六槐亭)이라 하고 그 아래에 김당지(金塘池)를 만들고 자호(自號)를 남당(南塘)이라 하였다. 그리고 당대의 명유(名儒) 모재(慕齋) 김안국(金安國), 채정(蔡亭) 강은(姜隱), 임어은(壬漁隱), 계산처사(溪山處士) 오경(吳慶), 성문두(成文斗) 등 제현(諸賢)과 더불어 도의(道義)를 강론하고 시율(詩律)을 읊으며 부유(父遊)하니 학자들이 남당선생(南塘先生)이라 칭하였다. 공이지은 많은 시문(詩文)이 김안국(金安國)의 모재집(慕齋集)에 실려 있고 또한 공이 쓴 문집(文集) 2권이 후손들에게 전하고 있다. 공의 도의(道義)깊은 지조(志

操)와 고결한 풍류를 사람들은 오래도록 추앙하게 되어 이 사실(事實)이 이천읍지(利川邑誌)에 기재되어 오늘에 전(傳)하고 있다.

특히 공은 부모에 대한 효성이 지극하여 일찍이 아버님을 여의고 어머님 장씨(張氏)를 지성껏 봉양하다가 서거하자 여묘(廬墓)살이 3년동안에 한 번도 집에 들른 적이 없었다 한다. 이 사실(事實)이 세상에 널리 알려져서 1540년(중종 35) 11월 기사에 경기도관찰사(京畿道觀察使) 정만종(鄭萬鍾)이 정표(旌表)를 권하는 장계(狀啓)를 임금께 올린 기록이 있다.

공의 배위 의인(宜人) 안동권씨(安東權氏)는 현감(縣監) 휘 경조공(景祚公)의 따님이며, 고성현감(高城縣監)을 지낸 장자(長子) 위(暐)와 성균진사(成均進士)인 차자(次子) 엽(曄)을 남겼다.

(자료출전 : 中宗實錄, 利川邑誌, 朝鮮名士人名錄)

엄충정(嚴忠貞)

조선 중종조에서 명종조 때 이름이 높았던 효자(孝子)이며 처사(處士)이다.

처사공 실기(處士公 實記)

휘 충정공(忠貞公)은 강릉(江陵) 출생으로, 생(生), 졸년(卒年)과 선계(先系)는 알려지지 않고 있는데, 당시의 사람들은 공을 엄처사(嚴處士)라고 불렀다.

충정공은 어려서 아버님을 여의고 가세가 매우 빈한하였으나 조석으로 편모 곁을 떠나지 않고 정성껏 봉양하였다. 어머님이 병제(病帝)에 들자 산에서 조류(鳥類)를 잡아 손수 음식을 마련해 드리고 밤이 되면 옷끈을 풀어 잠자리에 들지 않고 곁에 지켜 앉아 극진히 간병하였다.

한편 부지런히 학업에 정진하여 시(詩), 부(賦), 경서(經書) 등에 이르기까지 통달하고 특히 역 중용(易 中庸)의 이치에 정통하였고 사마시에 합격하였다.

1554년(명종 9)에 강원도관찰사(江原道觀察使) 정준(鄭俊)이 상소하기를 "엄충정은 아비 상사(喪事)에 예법에 넘치게 애통해 하고 정성을 다하여 여묘(廬墓)를 살았으며, 편모를 봉양함에 있어서도 지성을 다하였으므로 온고을이 칭찬하고 또한 학문에 쓸만한 재질이 있습니다."라고 하였다. 상소에 접한 명종은 정원(政阮)에 전교하여 "강릉(江陵)에 사는 엄충정에게 상당하는 관직을 제수하라."고 하였다.

또한 어머님이 서거하자 죽으로 연명하며 3년 동안 여묘살이를 하며 과거에도 응시하지 않았다. 우인(友人)들이 과거 응시를 권하면 충정공은 "어머님을 위해서인데 어찌 일신의 영달을 바라겠는가."라고 하였다.

충정공은 만년에 우계현(羽溪縣 : 강원도 강릉 부근)으로 이거(移居)하여 출수유절(出水幽絶 : 山水綠景)한 곳을 골라 조그마한 모옥(茅屋)을 짓고 궁핍한 생활을 계속하며 종신토록 안연(晏然)하였다 한다.

충정공의 명성을 듣고 배움을 청하면 종학(從學)들에게 반드시 충효를 위선(爲先)으로 삼으라 이르고 분화명리(紛華名利 : 名譽)와 이권에는 박연(泊然 : 담담함)하였다. 이같은 충정공을 향인(鄕人)들은 사랑하고 매우 존경하였다.

또한 충정공의 문장(文章)이 간명(簡明)하고 운치가 있으며 시(詩) 또한 장려(壯麗)하여 전송(傳誦)한 자(者)가 몇백 편에 이른다 한다. 조정(朝廷)에서 충정공의 재질을 전해 듣고 가상히 여겨

재랑(齋郞 : 제향 때 향로를 받드는 제관)에 제수하였으나 출사하지 않았다.

충정공은 78세 때 임종일에 앞서 일찍부터 가까이 내왕하던 몇 사람과 학자 십여 명을 초청하여 주연을 베풀고 말하기를 나의 사후에는 선농(先隴 : 先塋)에 장사 지내주고 어린 손자를 잘 부탁한다 하고 평소에 쓰시던 서책들은 문하생들에게 나누어 준 다음 단정히 앉은 자세로 목연(穆然)히 임종(臨終)하였다.

충정공께서 서거하시자 수많은 선비들이 몰려와 통곡하고 면식(面識)이 있건 없건을 불문하고 모든 사람들이 적문하였다 합니다. 공의 집에 남아있던 시문(詩文)들은 거의 산실(散失)되어 수집(蒐集)할 수 없었다 한다.

"재조(才操)있는 선비들이 향간(鄕間)에 묻혀 이처럼 그 이름이 연몰(湮沒)되고 전하지 못하는 이가 어찌 엄처사(嚴處士)뿐이랴"고 하였던 충정공전(忠貞公傳)을 쓰신 허균 선생(許筠 先生)은 매우 애석해 했다.

(참고자료 : 明宗實錄, 國朝人物考, 韓國歷代人物傳集成)

엄 흔(嚴 昕)

자(字)는 계소(啓昭), 호(號)는 십성당(十省堂)이며, 부장(部將) 용화(用和)의 아들이다. 1508년(중종 3)에 태어나서 1552년(명종 8)에 별세하였다.

1525년(중종 20)에 생원(生員)이 되고, 식년문과(式年文科)에 갑과(甲科)로 급제하여 검열(檢閱)과 정자(正字)를 지내고 사가독서(賜暇讀書)를 했다.

인물편(人物篇)

이어 저작(著作), 수찬(修撰), 이조좌랑(吏曹佐郎) 등의 벼슬을 거친 후, 1541년 전한(典翰)에 제수되었고, 뒤에 사인(舍人)에 이르렀다.

시조(時調) 1수가 『가곡원류(歌曲源流)』에 전한다.

석천운을 빌려 (次石川韻)
꽃잎은 이리저리 흩날리고 (有底花飛急)
풍광은 사람 위해 머무르지 않는데, (風光不貸人)
어지러운 꿈속에 봄은 지나가고 (春歸殘夢裏)
서늘한 강가에 우리 집이 있다오. (家在大江濱)
헐한 술 아직도 취하질 않으니 (酒薄難成醉)
다시금 차려놓고 마셔나 보세. (更長未易晨)
술기운에 마음 내켜 붓을 든다면 (猶餘輪寫處)
글 지어 임 계신데 보내드리지. (得句寄東隣)

학자공 실기(學者公 實記)
16세손 흔공(昕公)은 1808년(중종 3)에 보공장군충좌위(保功將軍忠佐衛)를 지낸 아버님 휘 용화공(用和公)과 첨정(僉正) 중성공(仲誠公)의 따님인 어머님 숙인(淑人) 안동김씨(安東金氏)와의 사이에서 태어났다. 자(字)는 계소(啓昭)이며, 호(號)는 십성당(十省堂)이다.

흔공은 어려서부터 총명하고 문재(文才)에 뛰어나 일찍이 경서(經書)에 통달하고 과거의 글을 익혀 1525년(중종 20) 18세 때 사마시(司馬試)에 합격하고 1528년(중종 23) 21세 때 식년문과에 갑과로 장원급제하였다.

영월엄씨(寧越嚴氏) 명현(名賢)

흔공(昕公)은 이해 8월 홍문관의 정자(正字)에 임명되고 그때 새로 설치된 호당(湖當)에 뽑혀 경학(經學)을 연수하며 관도(官道)의 길을 익혔다. 같은 해 10월 저작(著作)을 거쳐 다음해 1529년 (중종 24) 4월 박사(博士)에 임명되고 5월에 왕세자(王世子 : 후일 인종)에게 경서(經書) 사서(四書)와 도의(道義)를 가르치는 세자시강원(世子侍講院)의 설서(設書)에 제수되는 등 중종의 특별한 총애를 받았다.

기예가 출중한 흔공은 승진을 거듭하여 1530년(중종 25)에 홍문관의 수찬(修撰)이 되고 이해 5월에 정사(政事)의 옳고 그름을 왕께 진달하는 사간원의 정언이 되었다.

그러나 중종반정으로 폭군 연산군을 축출하고 보위에 오른 중종조는 세조와 연산군 때의 훈구파와 새로 등용된 신진사림간의 당쟁이 치열하고 사화도 많아서 이때 흔공의 전정(前程)에 시련이 도사리고 있었다. 흔공은 간관(諫官)이 된지 얼마 못되어 대사헌 김근사(金勤思), 대사간(大司諫) 심언광(沈彦光), 정언(正言) 김미 등과 더불어 '작서(灼鼠)의 변(變)'의 원흉(元兇) 김헌윤(金憲潤), 김극필(金克弼), 김광개(金光介)등 3간(奸)을 처벌하라는 상소를 올려 탄핵했다.

작서(灼鼠)의 변(變)이란 1517년(중종 23)에 중종의 사위이며 김안로(金安老)의 아들인 연성위(延城尉) 김희(金禧)가 그 아비를 탄핵하여 풍덕(風德)에 유배시킨 대간(大諫) 심정(沈貞)과 유자광(柳子光) 등에게 원한을 품고 이들을 제거하려는 김안로(金安老)의 사주를 받고 쥐를 태워 동궁(東宮 : 세자) 생일날 뜰에 내걸고 저주하였던 사건을 말한다. 이 사건으로 경빈박씨(敬嬪朴氏)와 그 아들 복성군(福成君) 미(嵋)가 패서인(廢庶人)이 되어 쫓겨나가게 되었다.

또한 이해 11월에 풍덕(豊德)에 유배중인 김안로(金安老) 일파인 장순손(張順孫)이 이조판서(吏曹判書)에 임명되자 김안정(金安鼎 : 김안로의 형)을 이조참판(吏曹參判)에 등용하면서 김안로(金安老) 탄핵 상소를 올린 앙갚음으로 흔공을 다시 홍문관의 수찬(修撰)으로 체직(遞職)하였다. 그뒤 12월에 흔공은 부정부패한 관리(官吏)를 적발하는 적간어사(摘奸御使)로 경기도(京畿道)에 파견되었다.

다음해 1531년(중종 26) 1월 홍문관의 부제학 황사우(黃士祐), 수찬 흔공(昕公) 등은 전 년도에 시행된 과거의 파방(罷榜 : 과거를 무효로 처리)을 요청하는 차자(箚子 : 간한 상소)를 올려 "대간(臺諫)이 견문(見聞)한 바에 따라 안된 것을 공정하지 못하다."고 논박(論駁)함은 언로(言路)에 크게 방해되므로 언관(言官)의 탄압을 중지하라고 요청했다.

이에 대하여 중종은 "평상시(平常時) 대간(臺諫)은 듣고 본 것에 따라 아뢰는 것인데 도리어 공변(公辨)되지 못하다 함은 언로(言路)에 크게 해롭고 뒷 폐단도 클 것"이라 하여 곧 사간원을 전면 체직시켰다. 뒤이어 2월에 홍문관의 직제학 허흡(許洽)과 흔공은 간신 김안로를 다시 등용하려는 움직임을 반대하는 요지의 다음과 같은 상소를 올렸다.

"조광조(趙光祖)는 난정(亂政)의 괴수이며 김안로는 음사한 사람인데 조정공론이 어찌 다시 조광조의 처지를 위하겠습니까? 예로부터 간인(奸人)이 국시(國是)를 흔들려고 한 자들은 아래에서 선동하여 인심을 갈라지게 하고 점점 위로 숨어들어 임금의 총명을 현혹되게 합니다. 사론(邪論)은 그 죄를 꾸짖는 것만으로는 금지할 수 없고 군의(群疑)는 말만으로서는 풀리게 할 수 없는 것입니다. 전하께서는 사정(邪正)을 명백히 살피시고 성지(聖志)를 더욱 굳게 하시어 사의(邪議)를 진정시킨다면 종사(宗事)에 다행이겠나이다." 이 상소는 흔공이 작성한 것이다.

상소를 받은 성종은 "지금 상소를 보니 말한 바가 지당하다 만약 사설(邪說)을 퍼뜨리는 사람이 누구인지를 명백히 안다면 적발하여 조정의 공론을 보일 때 국시는 자연히 정해지고 인심은 진정될 것이다."라고 전교하였다.

그런데 1536년(중종 31)에 우의정(右議政) 장순손(張順孫)의 주청으로 복직된 김안로는 흔공이 자기를 몰아냈던 심정(沈貞)과 가까운 사이이고 또 자기와 그의 형 김안정(金安鼎)의 서용을 반대하는 상소를 올린데 대한 보복으로 흔공의 직첩을 박탈하였다. 이때부터 흔공은 경기도양천에 낙향하여 학문연구와 후학지도에 전념하였다.

다시 복직된 김안로는 정적(政敵) 심정(沈貞)을 죽이고 경빈박씨(敬嬪朴氏)와 복성군(福成君) 미(嵋)를 사사케 하고 정광필(鄭光弼)도 귀양보냈다. 그리고 문정왕후(文貞王后) 윤씨(尹氏)를 폐하려다가 오히려 실각하고 1537년(중종 32)에 허항(許沆)등과 함께 유배되었다가 사사되었다.

흔공은 김안로(金安老)가 사사된 다음해인 1538년(중종 33) 2월 영의정 윤은보(尹殷輔), 좌의정(左議政) 홍언필(洪彦弼), 우찬성(右贊成) 소세양(蘇世讓) 등의 주청으로 관직을 박탈당한지 7년만에 홍문관의 부수찬으로 복직되었다. 복직된 흔공은 승진을 거듭하여 이해 10월에 시강관(侍講官)이 되고 군제를 개선하였으며 백성들의 진상품인 생선(生鮮), 생치(生雉 : 산꿩) 등의 헌납개선(獻納改善)을 진언하여 민폐를 해소하였다. 또한 1539년(중종 34년) 5월 중국의 사신 화찰(華察)과 성정총(薛廷寵)을 접대하고 환송하는 반송사(伴送使) 소세양(蘇世讓)을 따라 종사관으로 시종하였다. 이때 중국 사신들은 흔공이 단정한 체모와 법도있는 예절 그리고 훌륭한 시문(詩文)에 깊이 탄복하였다고 한다. 또한 사신(使臣)들과 화답한 시문(詩文) 오권을 베껴 교정하고 형행하였는데 이 황화집(皇華集)에는 흔공의 시문(詩文)도 많다.

얼마 후 흔공은 세자시강원(世子侍講院)의 필선에 다시 제수되시고 이해 12월 경기도관찰사 임백령(林伯齡)에게 내리는 임금의 교서를 썼다. 그 문장(文章)이 매우 수작이어서 중종이 극찬하였다. 그 전문(全文)은 다음과 같다.

나무는 뿌리가 있어 자라나 무성하고 물은 샘으로부터 흘러서 바다에 이른다.(木有根而暢茂 水自源而導達) 나라에 기전(畿甸)이 있음은 나무에 뿌리가 있고 물에 샘이 있음과 같다. 기전의 정치가 잘되고 못됨은 나라 전체의 무게와 관계되며 풍속이 순후하고 병든 것은 사방의 오융(汚隆)에 관계된다. 주(周)나라가 양합(兩陝)의 교화(敎化)를 먼저 하였고 한(漢)나라가 삼보(三輔)의 직위를 중시한 까닭은 진실로 이 때문이다. 오직 나는 덕(德)이 후하지 못하여 안으로 나쁜 정치가 많고 밖으로 선(善)한 교화가 없다. 다스리고자하는 마음은 밤낮으로 부지런히 하는데 절실하지만 원근(遠近)에 나타나는 효과(效果)는 아직도 부족하다. 하전(厦甎)의 강론(講論)은 삼대(三代)의 아름다운 뜻이 아닌 것이 없지만 주현(州縣)에 내리는 교론(敎論)은 끝내 한마디의 헛소리로 귀착되고 말았다. 이것을 생각하면 마음이 매우 아프다. 하물며 기전(畿甸)의 백성은 슬하의 갓난아기와 무엇이 다르겠는가?

그런데 경작하는 땅은 기름지지 아니하고 생활에는 항구적인 산업이 없다. 그런데도 두 번씩이나 중국 사신을 겪었고 일체의 번거로운 경비를 내야했으니 공출하는 물건도 타도(他道)의 배가 되고 세금은 오늘날 제일 무겁다. 지역이 매우 가까우나 동부(東部)이

영월엄씨(寧越嚴氏) 명현(名賢)

먼저 교화를 입었다고 함이 어디 있겠는가?

 더군다나 자목(字牧)이 선량하지 않아 여러 가지 명목으로 세금을 심하게 거두어 들였다. 관찰사의 마음이 사사로운 인정에 얽매여 시비가 전도되고 권세 있는 자들에게 제재를 받아 흑백(黑白)이 뒤섞이게 되었다. 이에 출척(黜陟)을 달리하고 선악을 구별하는 법을 시행하게 했는데 선악의 구별이 엄하지 못하여 마침내 근징(勤懲)하는 방법이 없게 될 줄이야 어찌 알았겠는가? 그를 체직하여 가볍게 견책하였다.

 그리고 내 마음속으로 충근(忠勤)할 사람을 선발하여 특명(特命)한 것이다. 경은 외모가 단아하고 마음은 굳세며 과단성이 있다. 높은 발걸음을 가장(詞場)에 옮기어 오랫동안 문장(文章)솜씨를 발휘했고, 훌륭한 기량을 어려운 일에 시험하여 바야흐로 정사(政事)의 재주를 드러내었다. 지난날 소인(小人)들이 용사할 때도 염정(恬靜)한 마음을 변하지 않았고 경화(更化)하던 초년에는 더욱 충절(忠節)을 드러내었다. 대궐을 출입(出入)한지 수십년에 경은 나의 마음을 알았고 선악(善惡)을 밝히는 몇 마디 말에 나는 경의 뜻을 알았다. 그러므로 경을 본도(本道)의 관찰사 겸 병마수군절도사(兵馬水軍節度使)에 제수하노니 경은 명을 잘 받들어 큰 공적을 이루도록 힘쓰라.

 근래 기강이 해이해지면서 탐욕의 풍습이 날로 불어나서 이미 습관을 이루었다. 경연(經筵)에서 의논함과 대간(大諫)의 진술을 통하여 항상 수령(首領)들이 사람답지 않다는 말을 듣고 민생(民生)에 고통이 많음을 더욱 가슴 아파한다. 공을 방자하여 사(私)를 도모하고 아래에서 긁어다가 위에다 바친다. 무마하고 편안하게 하는 것이 얼마나 중한 일인데 때리고 해치기만을 일삼는단 말인가? 절도 없이 먹고 마시며 사사로운 뇌물은 끊임없이 행해지고 위를 섬기는 자가 먼저 현명하고 능력이 있다는 명성을 얻고 세력을 믿는 자는 더욱 조심하고 꺼리는 뜻이 없다. 그리하여 백성으로 하여금 가마를 메게하고 묘를 경영하게 하여 밭 갈고 김매는 일이 때를 놓치고 하인을 시켜 베와 곡식을 거둬들이므로 모든 가산을 탕진하였다.

학교는 이미 극도로 황폐하고 군졸은 이미 구할 수 없을 정도로 피폐되었으니 이는 모두 법령이 제대로 시행되지 않고 또한 상벌이 정당함을 잃었기 때문이다.

듣건대 사람의 성품은 일정하지 않아서 인정의 후박(厚薄)은 시대를 따르게 마련이고 풍속은 습관이 일정하지 아니하여 시속(時俗)의 선악은 교화(敎化)에 따라서 가늠된다.

진실로 바람이 불면 풀이 쓸린다는 듯이 교화(敎化)란 계기를 일신시키는데 달려있다. 경은 가까운 곳임을 생각하고 교화(敎化)의 시발처임을 알아서 청렴한 사람은 표창하고 빈욕(貧慾)스런 사람은 쫓아내며 강(强)한 자는 억제하고 약(弱)한 자를 도우라. 백성을 인도함에는 가르침을 먼저하고 형벌을 뒤로하며 치적을 살필 때는 실제를 우선으로 하고 명성을 뒤로한다면 폐습이 저절로 사라질 것이니 선한 정치가 어찌 어렵겠는가?

또한 금년의 기근은 근고(近古)에 없던 일로서 초겨울부터 떠도는 사람이 이미 많으니 내년 봄에 어떻게 경작할 수 있겠는가? 미리 빈민구제할 계획을 강구해서 굶주려 죽은 백성들을 살리도록 하라. 대죄를 줄 때는 나의 결재를 받도록 하고 통훈대부(通訓大夫) 이하의 관원을 임명함은 경의 처분에 맡긴다.

아! 백성은 나라의 근본이고 먹는 것은 백성의 하늘이다. 먹을 것이 풍부하여야 백성이 편안하고 근본이 단단하여야 나라가 편안하다. 이 지방이 나라의 근본이 되는 땅임을 생각하여 보호하고 다

영월엄씨(寧越嚴氏) 명현(名賢)

스리는 정치(政治)를 더욱 후하게 하라.

다시 경에게 권면하노니 부디 가서 직분을 잘 수행하라. 그러므로 이처럼 교시하노니 생각컨대 마땅히 다 잘 알 것이다. (弼善 嚴昕 所製)

이 교서를 받아본 중종은 전교하기를 "감사(監司)에게 주는 교서를 보니 누구인들 공들여 제술하지 않겠는가마는 이번 교서는 폐단을 더욱 절실하게 진술하였으니 공들인 것이 다른 사람과 다른 것을 알 수 있다. 정원(政阮)은 그것을 알아두라."고 특별히 치하하였다. 이로 미루어 흔공의 문장이 당세(當世)에 이미 세평(世評)이 대단하였음을 알 수 있다.

1541년(중종 36) 6월 흔공(昕公)은 홍문관(弘文館)의 전한(典翰)에 오르고 대신(大臣)이 대간(臺諫)을 함부로 홀대한다고 탄핵하여 시정된 바도 있다.

그런데 전한(典翰)이 되신 흔공은 오랫동안 병석에 있다가 다음해 1542년(중종 37) 3월 28일 출사한지 5년 만에 관직을 사임하였다. 흔공은 1년여 동안 향리에서 치료하다가 1543년(중종 38) 9월 9일 36세의 장년으로 큰 뜻을 펴보지 못하시고 서거하였다. 공이 서거하시자 세자(후일인종)가 모든 장례비를 하사하였다 한다.

흔공은 12세 때 생모 김씨를 여의고 1519년(중종 14) 이후 계모(繼母) 슬하에서 자라며 형제간의 우애가 돈독하고 어버이에 대한 효성이 지극하였다. 또한 공께서는 성품이 강직하고 청렴하기로 유명하였다. 일찍이 사헌부에 재임하던 1540년 5월 금산(禁山)에서 돌을 캐낸 사람들을 추문하게 되자 흔공 자신도 그 법을 범했으므로 직(職)에 머무를 수 없으니 체직시켜 달라고 임금께 상주하여 스스로 사퇴한 일도 있다.

흔공께서는 자호(自號)를 십성당(十省堂)으로 하고 다음과 같은

인물편(人物篇)

10개조목을 일상생활 신조로 삼았다.

　　무방언(毋放言 : 말을 함부로 무책임하게 하지 않는다)
　　무오행(毋傲行 : 행동을 오만하게 하지 않는다)
　　물탐주(勿耽酒 : 술을 지나치게 탐하지 않는다)
　　물근색(勿近色 : 여색을 가까이 하지 않는다)
　　무훼예(無毁譽 : 남을 함부로 비방 또는 칭찬하지 않는다)
　　무희노(無喜怒 : 지나치게 기뻐하거나 노하지 않는다)
　　대인후(待人厚 : 사람을 대할 때 온후하게 한다)
　　작사관(作事寬 : 일처리 관대하게 한다)
　　근공직(勤公職 : 공직에 근면한다)
　　기가사(棄家事 : 가사에 마음 쓰지 않는다)

　공은 이상 십성계율(十省戒律)을 좌우명으로 삼고 일상 행동으로 실천하며 평생동안 한번도 이에 어긋나는 일이 없었다.
　배위 무안박씨(務安朴氏)는 장사랑(將仕郎) 휘 대유공(大有公)의 따님이며 장자(長子) 회양도호부사(淮陽都護府使) 인술(仁述)과 장녀서(長女婿) 문화유사신(文化柳思新), 차녀서(次女婿) 이문거(李文琚), 삼녀서(三女婿) 김여순(金汝順)을 남겼다.
　흔공은 시문(詩文)에 능하여 이조 오백 년 간의 중신(重臣) 명유문장가들의 글을 수록한 동국문헌록(東國文獻錄)에 오르고, 유명한 시가집(詩歌集)인 『가곡원류(歌曲源流)』에 시조 한 수가 전하고 있다.

　선(善)으로 패(敗)한 일 보며 악(惡)으로 이긴 일 본가.
　이 두 즈음에 취사(取捨)아니 명백한가.
　평생에 악된 일 아니하면 자연유성(自然有成)하리라.

영월엄씨(寧越嚴氏) 명현(名賢)

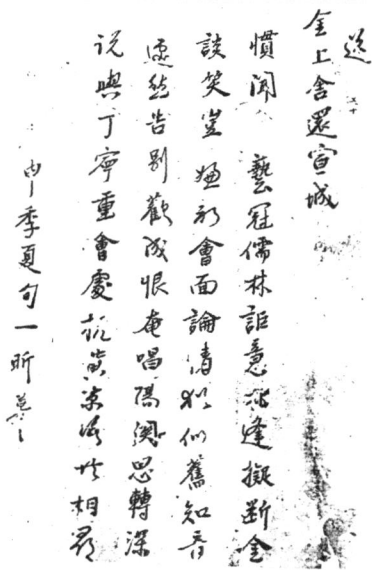

십성당(十省堂) 흔(昕)의 친필.

공이 서거하시자 중종실록(中宗實錄)을 편수한 사신(史臣)은 다음과 같이 논(論)논하였다.

"흔은 어려서부터 과거의 글을 배워 21세에 급제하였다. 성품이 뛰어나게 영리하여 문사(文詞)가 날로 더욱 진취하였으므로 동료들의 추앙을 받았다. 뒤에 악질에 걸려 오랫동안 폐기되었다가 사망했는데 사림이 애석하게 여겼다."

공의 시문(詩文)을 수록(收錄)한 『십성당집(十省堂集)』 2권과 휘호(揮毫) 한폭이 국립도서관(國立圖書館)에 소장되어 있다. 흔공은 1457년(세조 3)의 단종참화(端宗慘禍)와 1504년(연산군 10) 연산군의 폭정에 짓눌려 오랫동안 침체했던 엄문(嚴門)의 중흥을 가져온 분이다.

(자료출전 : 中宗實錄, 한국민족문화대백과사전)

엄 홍(嚴 泓)

조선조 중기의 문신(文臣)으로 1527년(중종 22)에 태어났다.

백심공 실기(伯深公 實記)

자(字)는 백심(伯深)이다. 16세손 휘 홍공(泓公)은 1527년(중종 22) 선무랑(宣務郞) 휘 한붕공(漢朋公)과 감종(監種) 휘 덕은공(諱德恩公)의 따님 의인 전주이씨(全州李氏) 사이에서 태어났다. 홍공은 17세에 진사가 되고 여러 지방관직을 거쳐 문천군수(文川郡守), 현풍군수(玄風郡守), 적성현감(赤誠縣監) 등을 역임하였다. 1592년(선조 25)에 임진왜란이 발생하여 전국이 유린당하고 선조가 의주(義州)로 몽진(蒙塵)할 때, 65세의 고령을 무릅쓰고 경상도초유사(慶尙道招諭使) 김성일(金誠一)과 함께 본군(本軍)의 의병장(義兵將)이 되어 곽찬(郭趲)을 소모관(召募官)으로 삼아 의병을 모집하였다. 이때 현풍 등지의 유수(有數)한 가문들은 모두 낙동강을 건너 가야산이나 덕유산 등지로 피난을 떠났으나 김성일(金誠一)은 영지(令旨)를 내려 전 현풍군수 엄홍공 등을 초치(招致)하여 본임(本任)으로 정하고 격문을 띠워 관리와 백성을 모집하여 왜군을 물리치는 큰 공을 세웠다. 이 사실은 임진란 때 영의정(領議政)을 지낸 유성룡(柳誠龍)의 시문(詩文)이 실린 『서애집』과 숙종조의 이재형(李載亨)의 시문집인 『송암목록(松岩目錄)』에 실려있다. 가보(家譜)에 의하면 공은 세 번 중국에 사신(使臣)으로 다녀왔다고 한다. 배위 영인(令人) 창녕조씨(昌寧曺氏)는 휘 충순공(忠順公)의 따님으로 공조참의(工曹參議)인 장자 풍일(風一)과 차자 유열(有悅)을 남겼다.

(참고자료 : 宣祖實錄, 大東野勝)

영월엄씨(寧越嚴氏) 명현(名賢)

엄 현(嚴 眩)

자(字)는 형도(亨道)이며, 호(號)는 삼성당(三省堂)이다. 1542년(중종 37)에 태어나서 1592년(선조 25)에 별세하였다. 임진왜란(壬辰倭亂) 때에 거의한 의병장(義兵將)이다.

의병장 실기(義兵將 實記)

16세손 휘 현공(眩公)은 1542년(중종 37)에 경기도 이천에서 생원 휘용공공(用恭公)과 진사인 휘 팽공(彭公)의 따님 풍양조씨(豊壤趙氏) 사이에서 태어났다.

공은 이천(利川)에서 학문과 무술을 연마하던 중 1592년(선조 25) 4월 임진왜란이 발생하여 팔도가 왜군에게 유린당하자 두 손자 귀선(貴善)과 종식(宗植)을 이끌고 호남 방면으로 향하여 내려가면서 나라에 대한 충의심으로 격문을 띠워 수백 명의 의병(義兵)들을 모았다.

공이 선봉에 나서 왜병과 접전할 때마다 많은 포로와 적병을 베자 왜병들은 야반도주(夜伴逃走)하니 공은 지체 없이 진격하여 해남군 대리(對里)에서 대진하게 되었다. 그러나 때는 이미 엄동설한으로 보급이 여의치 못하고 의병과 마필들이 굶주림을 견디지 못하여 부득이 퇴진하여 전열을 재정비했다. 11월 5일 야간 공격을 펼쳐 용전분투하였으나 화살이 다하고 힘이 모자라 마침내 순절하니 향년 52세였다.

이때 수행하던 귀선(貴善)과 종식(宗植) 두 손자와 의군(義軍)들이 공의 시신을 이천(利川)으로 운구하던 중 월출산 아래 월하리(月下里)에 이르러 일기불순으로 부득이 더 행진하지 못하고 산1

번지의 우강(右岡)에 봉안했다. 그리고 이곳 도강현 지하리(道康縣
趾下里)에 정주(定住)하게 되니 입향조가 된다. 배위는 의인 분성
김씨(盆城金氏)이며 장자백(長子伯)과 차자우(次子佑)를 남겼다.

엄인술(嚴仁述)

자(字)는 술지(述之)이며, 1540년(중종 35)에 태어나서 1606
년(선조 39)에 별세하였다.

조선 선조조의 문신(文臣)이다.

실기(實記)

17세손 휘 인술공(仁述公)은 1540년(중종 35)에 중종때의 저명한
문신(文臣) 학자인 십성당(十省堂) 휘 흔공(昕公)과 장사랑(將仕
郞) 휘 대유공(大有公)의 따님 숙인 무안박씨(務安朴氏)와의 사이
에서 태어났다.

공은 4세 때인 1543년(중종 35)에 홍문관의 전한(典翰)이었던
흔공이 서거하고 어머님 박씨(朴氏)의 품에서 어렵게 자란 까닭에
성장과정에 관한 기록이나 수학경력 등은 전하지 않는다. 후일 기
록으로 미루어 음직(蔭職)으로 관계(官界)에 나간 듯하다.

공은 1599년(선조 32)에 안산군수(安山郡守)를 지냈는데 그 치
적이 좋지 못했다 하였으나 1601년(선조 34)에 정선군수(旌善郡
守)로 임명되었다. 2년 후인 1603년(선조 36)에 강원도암행어사
(江原道暗行御史) 조탁(曺倬)은 정선군(旌善郡) 엄인술(嚴仁述)의
치적이 매우 좋다고 서계(書啓)하였다.

다음해 1604년(선조 37)에 공은 회양도호부사(淮陽都護府使)에
임명되었는데, 이해 10월 강원도암행어사(江原道暗行御史)는 "엄
인술은 도임한지 오래되지 않았으나 백성을 사랑하는 정사를 우선

으로 한다"는 내용의 서계(書啓)를 임금에게 올려 거듭 치하(致賀)하였다.

얼마 후인 1606년(선조 39) 2월 사헌부에서 아뢰기를, "회양(淮陽)과 철원은 다 같이 북로(北路)를 왕래하는 요충이므로 이 같은 변방은 어려움이 많을 때일수록 방비에 관한 일도 생각하지 않을 수 없습니다. 결코 옹졸한 음관(蔭官)을 이처럼 중요한 자리에 둘 수는 없습니다. 부사 엄인술(嚴仁述)과 홍기영(洪耆英)을 모두 체직(遞直)할 것을 명하고 그 대임(代任)은 나이 젊고 재략이 있는 무신 중에서 관질(官秩)의 고하를 따지지말고 십분(十分) 가려서 보내도록 하소서."하니 임금이 "이를 윤허(允許)한다. 그러나 수령들은 반드시 체직하지 않아도 될 것이다."하여 꽁을 그대로 유임케 하였다. 이후의 행적은 상세치 않으나 공은 도임하는 곳마다 선정을 베푼 것으로 기록되고 있다.

공은 1606년(선조 39)에 서거하니 향년 67세였다. 후일 증손 즙공(葺公)이 귀하게 되어 통정대부(通政大夫) 승정원좌승지(承政院左承旨)에 추증되었다.

배위는 호군행검(護軍行儉)의 따님 증숙부인 여주박씨(驪州朴氏)이며, 동몽교관(童蒙敎官) 승의랑(承議郞), 증가선대부(贈嘉善大夫), 이조참판 후와 여서(女婿) 여흥인 현감 이대준(驪興人縣監李大濬)이 있다.

(참고자료 : 宣祖實錄)

엄유윤(嚴惟尹)

자(字)는 원성(元聖), 호(號)는 우은(又隱)이며, 시호(諡號)는 의민(義愍)이다. 1562년(명종 17)에 태어났다.

인물편(人物篇)

　기골이 장대하고 기상이 늠름하여 비범하였으며 총명하여 지력이 뛰어났다. 글공부에도 재질이 있어서 특히 병서를 많이 읽어 육도삼약(六韜三略)을 꿰뚫으니 보는 사람으로 하여금 장래에 큰 인물이 될 재목이라 하여 모두 칭찬하였다. 1589년에 선약장군부총도사로 천직되었으나 취임하지 않았는데, 1593년 임진왜란이 일어나 왜적의 침략으로 왕이 파천까지 하였어도 이를 쳐부술 전투력이 없는 상황이 되자 공은 적수공권으로 분연히 일어나서 집안 노비 80여 명과 민간 의병 100여 명을 모집하였다. 공은 나라의 흥망이 눈앞에 이른 이때에 가만히 앉아서만 볼 수 없으니 죽을 힘을 다하여 싸우자고 서로 굳게 맹세하고 여강(驪江) 상류에 포진하고 험한 산곡에서 신출귀몰한 작전으로 적을 영릉(英陵) 동구에서 맞아 전력을 다해 항전하기 일진일퇴로 수개월을 버티었다.

　그러던 중 적군은 수원(水原)으로부터 보내온 지원군과 합세하여 그 기세가 자못 충천하게 되자 이를 본 아군 병사들이 겁을 먹었다. 그러자 일부 사람들은 적은 많고 우군은 적으니 중과부적으로 싸울 수 없으니 일단 후퇴하였다가 다시 싸우자고 하였다. 공은 이에 분연히 말하기를, "큰 도적이 쳐들어와 나라가 위급한 이때에 충의로운 사람이 없다는 것은 심히 부끄러운 일이요, 하물며 영릉(英陵)이 있는 곳을 방어치 못하면 말이 되냐" 하고 장병을 격려하여 릉(陵)의 동쪽에서 종일토록 싸웠으니 화살이 부러지고 힘이 다하여 싸울 힘이 없게 되었다. 사태가 여기에 이르자 공은 세부득하여 투구와 갑옷 등을 벗어서

영월엄씨(寧越嚴氏) 명현(名賢)

바위에 놓아두고 "이 한몸이 죽어서 나라를 구할 수 있다면 백번이라도 죽겠노라. 이미 기울어진 나라의 운명과 같이 해서 나 또한 적의 더러운 칼에 죽기 전에 강물에 몸을 던지겠다" 하고 깊은 물에 몸을 던졌다. 공의 나이 겨우 31세였으니, 공이 죽은 바위를 충의암(忠義岩)이라 하여 후세에 보는 사람으로 하여금 눈물을 자아내게 하였다.

공의 꿋꿋한 전사 행적이 세상에 드러나지 못하더니 1892년(고종 29) 고종이 영릉에 행차하여 여러 신하와 더불어 엄유윤(嚴惟尹)이 순국한 지 3백년이 되었으니 감회가 크다 하시며, 공의 충의를 가상히 여겨 동몽교관(童蒙教官)을 증직, 이듬해에 또 통정대부(通政大夫)이조참의(吏曹參議)에 추증하고 충신문(忠臣門)의 정려와 시호를 내렸다.

실기(實記)

17세손 휘 유윤공(惟尹公)은 1562년(명종 17)에 경기도 이천(利川)에서 증형조판서(贈刑曹判書) 휘 위공(暐公)과 정부인 능성구씨(綾城具氏)와의 사이에서 태어났다. 자(字)는 원성(元聖), 호(號)는 우은(又隱)이며, 시호(諡號)는 의민(義愍)이다.

공은 어려서부터 기골이 장대하고 기상이 늠름하여 비범하였고 매우 총명하고 지력이 출중하였다. 학업에 재질이 뛰어나고 특히 병서(兵書)를 탐독하여 육도삼략(六韜三略)을 꿰뚫으니 뭇사람들이 장차 큰 인물이 될 것이라고 칭찬하였다.

공은 1587년(선조 20)에 선략장군(宣略將軍)으로 도총부도사(都摠府都事)에 추천되었지만 취임하지 않았다. 1592년(선조 25)

인물편(人物篇)

에 임진왜란이 발생하니 선조는 서울을 떠나 의주(義州)로 파천(播遷)하였고 팔도는 거의 왜군(倭軍)에 유린당하게 되었다.

공은 아무런 무력 준비도 없이 분연히 궐기하여 집안에서 부리던 노비 80명과 격문을 띠워 모은 의병 백여 명으로 의군을 조직하고, 국가의 흥망이 목전에 닥쳤으니 좌시할 수 없다며 결사항전할 것을 다짐하였다. 공은 의병을 지휘하여 여강 상류에 포진하고 험준한 산곡을 이용하여 신출귀몰하는 기습 공격으로 영릉(英陵) 동구에서 왜군을 맞아 일진일퇴하며 여러 달을 감투(敢鬪)하였다. 장기전이 되며 사세(事勢)가 불리해지자 왜군은 수원방면으로부터 대부대를 증원받아 그 기세는 자못 충천하였다.

이에 일부 의병들은 중과부적으로 싸울 수 없으니 일단 후퇴하고 다시 결전할 것을 주장하였다. 그러나 공은 "대도들이 침입하여 국가운명이 위급한 이때에 충의로운 사람이 없다는 것은 심히 부끄러운 일이다. 하물며 영릉이 있는 이곳을 방어하지 못한다면 선왕에 대한 면목이 없다."하고 의병들을 독려하여 영릉 동쪽에서 하루 종일 분전하였다. 그러나 보급이 끊겨 화살이 떨어지고 기력이 다하여 가 불리해지고 말자 투구와 갑옷을 벗어 바위에 걸어놓고 "이 한몸이 죽어 나라를 구할 수 있다면 백 번이라도 죽겠노라. 이미 기울어진 나라와 운명을 같이 하여 나도 또한 적의 더러운 칼에 죽기 전에 깨끗한 강물에 투신하노라"는 말을 남기고 깊은 물에 몸을 던져 순국하니 향년 31세이다.

후일 공이 순사한 바위를 '충의암(忠義岩)'이라 하였으니 후세사람들의 충의심을 드높이게 하고 있다. 공의 충의는 오랫동안 숨겨져 있다가 삼백 년이 지난 1892년(고종 29)에 고종이 영릉에 행차하여 여러 신하들과 더불어 임진왜란 당시 그곳에서 순국한 공의 이야기를 듣고 크게 감동하여 동몽교관(童蒙敎官)을 증직하였다. 이듬 해 1893년(고종 30)에 통정대부이조참의(通政大夫吏曹參議)에 추증하고 충신문(忠臣門)의 정려(旌閭)와 시호(諡號)를 의민(義愍)으로 내렸다.

배위 증숙부인(配位贈淑夫人) 단양우씨(丹陽禹氏)는 병사 윤심공(胤審公)의 따님이며 성균진사(成均進士)인 장자태극(長子太極)를 남겼다.

엄덕록(嚴德祿)

자(字)는 명준(明俊), 호(號)는 퇴휴당(退休堂)이며, 1564년(명종 19)에 태어나서 1646년(인조 24)에 별세하였다.

조선조 중기의 문신(文臣)으로 임란(壬亂) 때 수훈을 세웠다.

실기(實記)

17세손 휘 덕록공(德祿公)은 1564년(명종 19)에 증좌승지(贈左承旨) 휘 수영공(諱壽永公)과 증숙부인 연안이씨(延安李氏)와의 사이에서 태어났다.

공은 1592년(선조 25)에 사헌부(司憲府)의 감찰(監察)을 지내고 있었는데, 이해 4월 임진왜란을 당하여 선조는 도성을 떠나 평양에 피거(避居)하였다가 6월에 다시 의주로 피난길에 올랐다. 이때 공은 선조를 호종(扈從)하며 의주로 행차하는 도중에 적병을 만나 위급한 상황이 발생하자 달려나가 분전한 끝에 적병 수십수를 베었다.

공의 용전(勇戰)모습을 본 선조는 가상히 여겨 원종공신(原從功臣) 공훈록권(功勳祿權)을 하사하고 통훈대부(通訓大夫) 통례원좌

인물편(人物篇)

통례(通禮阮左通禮)로 특명하였다.

이후 공은 1608년(선조 41)에 벼슬을 그만두고 향리인 광주에 낙향하여 문학을 낙으로 삼다가 1646년(인조 24)에 서거하였다.

배위 증숙인(贈淑人) 남평문씨(南平文氏)는 휘 의함공(義咸公)의 따님이며, 진사(進士)인 장자 우인(宇寅)과 통덕랑(通德郞)인 차자(次子) 우성(宇成), 통덕랑(通德郞)인 3자 우관(宇寬)이 있다.

엄 성(嚴 惺)

자(字)는 경보(敬甫)이며, 호(號)는 동강(桐江)이다. 평시서직장(平市署直長) 인달(仁達)의 아들로 1575년(선조 8)에 태어나서 1628년(인조 6)에 별세하였다.

1612년(광해 4) 사마시(司馬試)를 거쳐 이해 증광문과(增廣文科)에 을과(乙科)로 급제하였고, 승문원(承文院)에 보직되어 설서(說書)를 겸임하였다. 이듬해 검열(檢閱)을 지내다가 폐모론이 일어나자 유생(儒生)을 이끌고 이를 반대하는 상소를 하여 파직당했다.

그 후 벼슬을 단념하고 양산(梁山)에 머물다가 1623년 인조반정(仁祖反正)으로 복직되어 사관(史官)이 되고, 1625년 사간(司諫)을 거쳐 부교리(副校理), 전적(典籍), 집의(執義) 등을 역임하였으며, 1627년 부응교(副應敎)에 이르렀다.

실기(實記)

18세손 휘 성공(惺公)은 1575년(선조 8)에 평시직장(平市直長)

휘 인달공(仁達公)과 첨정(僉正) 휘 진공(鎭公)의 따님 정부인 청송심씨(靑松沈氏) 사이에서 장남(長男)으로 태어났다.

공은 11세 때 어버이를 여의고 독지(篤志)로 학업에 힘써 38세 되는 1612년(광해군 4)에 사마시(司馬試)에 합격하고 이해 가을에 증광시 을과(乙科)에 급제하였다. 이에 앞서 공의 아우 되는 황공(愰公)은 1603년(선조 36)에 학업을 포기하고 무과에 급제하여 형제가 나란히 관직에 나서게 되었다. 그런데 공과 황공(愰公)이 관직에 있었던 시대는 임진왜란으로 국토가 황폐하고 이어서 병자호란이 닥치는 내우외환으로 어려움이 산적하던 때였다.

등과한 해 12월 28일 공은 세자시강원(世子侍講院)의 설서(說書)에 임명되고 다음해 2월에 예문관(藝文館)의 검열(檢閱)이 되었다.

광해군은 선조의 후궁 공빈(恭嬪)의 둘째 아들로서 세자가 되었는데 정궁 인목대비(仁穆大妃)가 늦게 아우 의를 출산하자 선조는 광해군을 싫어하여 영창대군으로 왕위를 계승하고자 하였다.

이 일을 눈치챈 이이첨(李爾瞻)과 정인홍(鄭仁弘)이 세자를 바꿔서는 안된다고 주장하다가 선조의 노여움을 사서 귀양가게 되었다. 이럭저럭 귀양길을 미루는 사이에 갑자기 선조가 승하하자 광해군은 당일로 왕위에 오르고 이이첨 등을 다시 등용하였다. 등용된 이이첨은 예조판서와 대제학을 겸임하고 대북파(大北派)를 등용하여 먼저 역모죄로 선조의 장자 임해군(臨海君)을 사사하고 이어서 인목대비의 아버지 김제남(金悌男)을 죽이고 14세 된 영창대군을 서출하였다. 그리고 인목대비도 폐하고자 대북파의 이위경(李偉卿), 한복(韓服), 한오(韓晤), 부교리(副敎理) 이창준(李昌俊) 등과 그의 아들 이상항(李尙恒) 등 20인이 역적을 토벌하자며 폐모론을 펴고 나섰다.

인물편(人物篇)

이때 성품이 강직한 공은 1613년(광해군 5) 7월 11일 천추망궐예(千秋望闕禮)에 사관(四館)의 관원이 일제히 대궐에 나온 때를 살펴 승문원으로 나아가서 4관원들을 소집했다. 그러나 모두 두려워하여 흩어지고 승문원 박사 윤전(尹銓), 정자 권호(權護) 등 몇 사람과 의논하여 '모후(母后)를 동요시켜 강상(綱常)에 죄(罪)를 얻었다.(動搖母后得罪綱常)'라는 여덟 자를 결정하여 이위경(李偉卿) 등을 방(榜)에 걸어 논죄하고 유적(儒籍)에서 정거(停擧)하게 하자 듣는 이들이 모두 통쾌하게 여겼다.

그런데 부응교 한찬남(韓纘男) 등이 광해군에게 고하여 죄를 물으니 옆에 시립(侍立)하고 있던 공이 말하기를, "지난번에 이위경(李偉卿) 등의 상소문에 자전(慈殿)이 역모에 외응(外應)했으므로 모자간의 도리가 끊겼다고 하였습니다. 자전은 바로 전하의 어머님이신데 함부로 패악한 말을 하였습니다. 이전부터 예규(例規)에 따라 선비에게 죄가 있을 경우 먼저 유적(儒籍)에서 삭제하고 과거에 응하지 못하게 하였습니다. 월여전(月餘前)의 일인데 지금 와서 유독 신의 이름을 거론한 것은 신이 주장하여 반론하였다고 여겼기 때문입니다. 임금의 가까이에서 붓을 잡고 있는 자로서 남의 배척을 받았으니 관직에 있을 수 없어 물려나기를 청합니다."고 하자 광해군은 사직하지 말라 하였다.

그런데 잠시 후 광해군이 내전에 들어가 한참 있다가 다시 나와서 매우 격노하며 "엄성(嚴惺)은 오늘 붓을 잡는 업무에 합당하지 않으니 체차하도록 하라."고 명하였다. 다음날 정원(政員)이 상소를 올려 "지척에서 보는 사관(史官)의 임무는 막중한데 체차할 때 공론(公論)을 기다리지 않고 면전에서 척결한 것"을 들어 간(諫)하였다. 그러나 광해군은 "내가 명색이 임금인데 일개 사관도 처치할 수 없단 말인가. 정원은 당을 비호하는 발언을 하지 말라."하고 삭

영월엄씨(寧越嚴氏) 명현(名賢)

탈관직 하였다. 이리하여 공은 폐모론(廢母論)에 휩쓸려 모처럼 관직에 나아간지 8개월만에 척출되고 말았다.

그뒤 서호(西湖)에 은거하다가 양산(梁山)에서 유랑생활을 하며 한때 행적을 감추고 저수지에서 낚시로 소일하였다. 그런데 광해조는 당쟁에 휩쓸려 영창대군을 죽이고 모후 인목대비를 서궁에 유폐시키는 등 패륜행위가 많았고 정치가 문란해지자 이귀(李貴), 최명길(崔鳴吉), 김자점(金自點) 등이 광해군을 폐위시키고 능양군(綾陽君) 종(倧)을 받들어 인조반정을 일으켰다. 1623년 인조가 왕위에 오르자 곧 3월 16일 공은 관직을 삭출당한지 11년만에 다시 검열에 복직되었는데 사관(史官)은 이렇게 적고 있다.

"일찍이 계축년(癸丑年)에 이위경(李偉卿)이 홍도 19인을 거느리고 처음으로 폐모상소를 올렸을 때 성(惺)이 당시 사관에 있으면서 '국모를 동요케 하니 그 죄가 기강에 관계된다.'하며 모두 정거(停擧)시켰다. 이 때문에 홍도들의 꺼리는 바가 되어 삭탈관직되고 문외출송 당해 십여 년이 되었다. 이때 다시 사국(史局)이 들어갔다."

다시 복직된 공은 1624년(인조 2) 2월 12일 부수찬(副修撰)을 거쳐 곧 홍문관(弘文館)의 교리(敎理)가 되고, 어전에서 시강하는 시강관(侍講官)을 겸무하였다. 공은 송상현(宋象賢)의 사우(祠宇)에 사액을 주청하여 윤허 받았는데 늦어지자 "국가는 반드시 절의를 숭상해야 한다며 지난번 '이괄(李适)의 변'만 보더라도 절의가 국가에 관계됨이 큰만큼 반드시 평소에 격려하여 권장하는 바탕을 삼도록 힘써야 한다."고 상주하여 곧 시행토록 하였다.

이해 12월에 공은 헌납(獻納)을 거쳐 다음해 1625년(인조 3) 2월 시강원(侍講院)의 필선(弼善)이 되고, 얼마후 사헌부의 집의를 거쳐 5월에는 사간원의 사간이 되었다. 이에 앞서 대사헌 박거선(朴車善)과 함께 부가(富家)와 사대부가(士大夫家)에서 불법으로 시장(柴場 : 나무 시장)을 점거하고 입안(立案)하여 경성 수십 리에 걸쳐 꼴이나 나무하는 백성들이 접근하지 못하게 하여 민원이 적지 않다고 상계하여 그 적폐를 막았다.

　1627년(인조 5) 정월에 청병(淸兵)이 압록강을 건너 대규모로 침공하며 정묘호란이 닥쳤다. 이때 공은 대사헌(大司憲) 박동선(朴東善)과 함께 "적침수일(敵侵數日)에 도성을 비우고 해도(海島)나 산성으로 피하지 말고 전하께서 혁혁히 분발하시여 궁문에 나아가 직접 정벌에 나서시라."는 장문의 상계를 올렸으나 인조(仁祖)는 "논한 바가 태반은 실현성이 없다."하고 강화(江華)로 떠났다. 얼마 후 주화파의 옥장(玉張)에 따라 형제국의 의를 화약하고 4월에 귀경했다. 그러나 후일 다시 청군의 침공을 당하는 수모를 겪었다.

　1627년(인조 5) 5월 홍문관(弘文館) 부응교(副應敎)가 되고, 의정부(議政府) 사인(舍人)으로 어전에서 경서를 강론하는 자리에 올라 촉망받았다. 그러나 지병으로 1628년(인조 6) 4월 8일 향년 54세로 서거하였다.

　배위 숙인 남원양씨(南原梁氏)는 군수(郡守) 휘 사행공(思行公)의 따님이며 사헌부(司憲府) 감찰(監察)을 지낸 장자 석구(碩耉), 차자 일구(逸耉), 삼자 성구(成耉)와 장녀서(長女婿) 참판 유심(柳淰), 차녀서(次女壻) 필선 해주 정식(鄭植)을 두었다.

　공은 필법이 유명하여 근묵(近墨) 한 폭이 국립도서관에 남아 있다.

　(참고자료 : 光海君日記, 仁祖實錄, 燃藜室記述 國朝榜目, 癸亥靖社錄, 　　　　　　　한국민족문화대백과사전)

엄　황(嚴　愰)

자(字)는 명보(明甫)이다. 1580년(선조 13)에 태어나서 1653

영월엄씨(寧越嚴氏) 명현(名賢)

년(효종 4)에 별세하였다.

무과(武科)에 급제하여 사복시 주부(司僕寺主簿)를 거쳐 1606년(선조39) 남해 현령(南海縣令)이 되고 도총부 도사(都摠府都事)로 비변사 낭관(備邊司郎官)을 겸임했다.

그 후 안동판관(安東判官)과 함안군수(咸安郡守) 등을 거쳐 경상좌도 수군절도사(慶尙左道水軍節度使)에 승진하였으며, 이어 평산(平山)과 의주(義州)의 부윤(府尹)을 지내며 북면의 방위를 담당했다.

뒤에 전라도 수군절도사(全羅道水軍節度使)를 거쳐 1648년(인조 26) 홍청도수군절도사(洪淸道水軍節度使)를 역임하였고, 동지중추부사(同知中樞府事)로 부총관(副摠管)을 겸했으며, 1652년(효종 3) 영흥부사(永興府使)로 나가 임지에서 졸하였다.

실기(實記)

18세손 휘 황공(愰公)은 1580년(선조 13)에 평시직장(平市直長) 휘 인달공(仁達公)과 첨정(僉正) 휘 진공(鎭公)의 따님 정부인(貞夫人) 청송심씨(靑松沈氏) 사이에서 차남으로 태어났다.

공은 6세 때 어머님을 여의고 13세 때 아버님마저 서거하는 비운이 겹쳐 학문에 뜻을 두었으나 붓을 꺽고 1603년(선조 36) 24세에 호방무과(虎榜武科)에 급제하였다. 9년 후 1612년(광해군 4)에 형 성공(惺公)이 증광시문과(增廣詩文科)에 급제하여 가문에서 형제분이 함께 내외 관직에 나가게 되었다.

다음해 1604년(선조 37)에 황공(愰公)은 사헌사(司僕寺)의 주부(主簿)로 등용되고 1606년(선조 39) 6월에 남해현령(南海縣令)이 되었으며 1607년(선조 40) 10월에 도총부도사(都摠府都事)가 되면서 비변사(備邊司)의 낭관(郎官)을 겸임하였다. 그 뒤 안동판관(安東判官), 함안군수(咸安郡守)를 역임하는 동안 청렴하고 강직한 수령으로 명성이 드높았고 한편 청량산(淸凉山)을 수축하여 국방을 튼튼히 하였다.

그런데 곤양군수로 있을 당시 공을 시기하는 자들의 무함(誣陷)을 받아 한때 파직되었으나 공의 선정에 감동한 읍민들이 조정에 공의 유임을 청원하여 마침내 그 누명을 벗고 다시 곤양군수로 환임(還任)되기도 하였다.

또한 공은 1615년(광해군 7) 8월 무안군수(務安郡守)로 재임하는 동안 거제현(巨濟縣)에 유배중인 장명순(張命順)과 가까이 지냈다 하여 사헌부의 지적을 받기도 했다. 1618년(광해군 10)에 다시 함안군수(咸安郡守)가 되고, 1620년(광해군 12)에 영남좌수사(嶺南左水使)가 되면서 절충장군(折衝將軍)으로 승계되었다.

그런데 1624년(인조 2) 7월 경상우수사(慶尙右水使)로 재임할 때 양곡7백여 석을 빼돌렸다하여 사헌부의 국문을 당하기도 했으나 이 역시 무혐의로 풀려났다. 다음해 1625년(인조 3)에 평산부사(平山府使)로 임명되고 인조로부터 평산(平山)의 산성은 국방에 중요하다고 전교하여 기계(機械)며 호피(虎皮) 등을 특별 하사받았다. 이어 1626년(인조 4년)에 의주부윤(義州府尹)이 되고, 변경 방어책에 특히 힘을 기울였다. 그 방비로 다음해 1627년(인조 5) 2월에 정묘호란이 발생하자 병사들을 독려하여 끝까지 국경을 사수하고 산성을 굳게지키며 별도로 비축한 쌀 콩 8,9백석을 군수품으로 지급하는 공을 세워 특별 가자(加資)되어 가선대부(嘉善大夫)로 승계하였다.

공은 1631년(인조 9)에 훈련원도정(訓鍊院都正)이 되고, 파주목사(坡州牧使)를 거쳐 1632년(인조 10)에 전라도수군절도사(全羅

道水軍節度使)가 되었다. 그후 1637년(인조 15)에 수안(隧安), 영암군수(靈岩郡守)를 지내고, 1639년(인조 17)에 평해군수(平海郡守)를 거쳐 충청도수군절도사(忠淸道水軍節度使)에 올랐다.

공의 나이 60세에 이르러 관직을 사임하시고 영덕(盈德) 고을에서 낚시로 소일을 하며 지내시다가 1644년(인조 22년)에 다시 춘천부(春川府)를 다스리며 유학을 가르쳤으며 1648년(인조 26)에 내직인 동지중추부사(同知中樞府事)겸 부총관(副摠管)을 겸임하였다.

몇 년이 지난 1652년에(효종 3) 다시 외직인 영흥부사(永興府使)로 나갔다가 다음해 1653년(효종 4)에 임지에서 서거하시니 향년 74세였다. 후일 차자 정구(鼎耉)의 직위가 높아짐에 따라 자헌대부 병조판서(資憲大夫兵曹判書)에 추증되었다. 저서로 『춘천지(春川誌)』가 전하며 춘천 백성들이 세운 선정거사비(善政去思碑)가 춘천향교(春川鄕校) 입구에 서있다.

배위 정부인(貞夫人) 광주이씨(光州李氏)는 부제학(副提學) 휘 호공(浩公)의 따님이며, 배위 전주이씨(全州李氏)는 충의위 휘 호학공(好學公)의 따님이다. 장자 우량(宇亮), 차자 한성부윤 정구(鼎耉), 삼자 진사 진구(震耉)와 장녀서 첨지 압해 정시택(丁時澤), 차녀서 참판 의령 남필성(南弼星), 삼녀서 정흥주(鄭興周) 등을 두었다.

(참고자료 : 宣祖實錄, 仁祖實錄, 光海君日記, 春川誌, 國祖人物誌, 한국민족문화대백과사전)

엄민도(嚴敏道)

조선 숙종조의 효자(孝子)로 이름이 높았다.

1651년(효종 2)에 태어나서 1711년(숙종 37)에 별세하였다.

인물편(人物篇)

실기(實記)

18세손 휘 민도공(敏道公)은 1651년(효종 2)에 휘 선구공(善耉公)의 장자로 태어났다. 그 효행이 지극하여 널리 세상에 알려지니 1708년(숙종 34)에 나라에서 정려문(旌閭門)을 특명하였다. 1711년(숙종 37)에 서거 하니 향년 61세이다.

배위 충주어씨(忠州魚氏)는 휘 서룡공(瑞龍公)의 따님이며 아들 세후(世垕)를 두었다.

(참고자료 : 己未譜先賢錄)

엄정구(嚴鼎耉)

자(字)는 중숙(重叔), 호(號)는 창랑(滄浪)이며, 동지중추부사(同知中樞府事) 황(愰)의 아들이다. 1605년(선조 38)에 태어나서 1670년(헌종 11)에 별세하였다.

1630년(인조 8) 별시문과(別試文科)에 병과(丙科)로 급제하였고, 승문원(承文院)에 보직된 후 이어 정언(正言)을 지냈다. 1636년 병자호란(丙子胡亂) 때 설서(說書)로 남한산성(南漢山城)에 왕을 호종(扈從)했다.

이듬해 돌아와 지평(持平)이 되고, 1638년에 충청도 염문사(廉問使)를 거쳐 수찬(修撰)과 평안도도사(平安道都事)를 지냈고, 이어 수찬(修撰), 의성현령(義城縣令) 등을 역임하였고, 1648년 이조정랑(吏曹正郎)에 올랐다.

1651년(효종 2) 좌승지(左承旨)로 재직 중 김자점(金自點)이 처형되고 그 일당이 제거될 때 평소에 그와 안면이 있었다 하여 극형을 선고받았으나, 좌의정 한흥일(韓興一)이 과거 그가 김자점 일당의 천거를 거부한 사실을 들어 구명(救命)을 호소, 면천(沔川)에 부처(付處)되는 것으로 그쳤다.

그 뒤 다시 등용되어 벼슬이 태복시정(太僕寺正), 홍문관교리(弘文館校理)를 거쳐 한성부좌윤(漢城府左尹)에 이르렀다.

실기(實記)

19세손 휘 정구공(鼎耈公)은 1605년(선조 38)에 중추부부총관(中

창랑공(滄浪公) 정구(鼎耈)의 친필 유묵

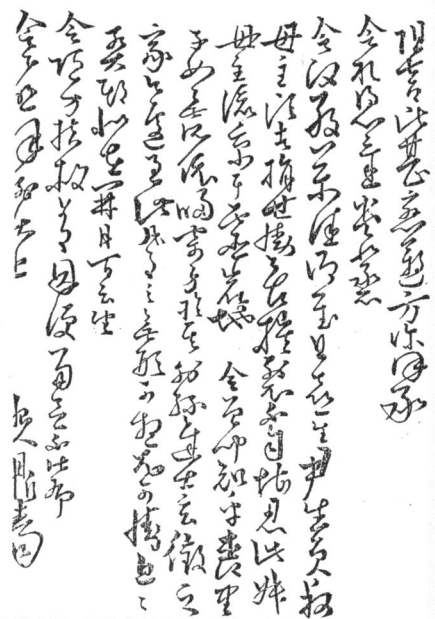

樞府副摠管) 휘 황공(愰公)과 부제학(副提學) 휘 호공(浩公)의 따님 광주이씨(光州李氏) 사이에서 태어났다.

소시부터 문예에 재능이 뛰어나 경주부사(慶州府使)로 재직하던 25세 1630년(인조 8) 별시문과(別試文科)에 병과로 급제하고 승문원(承文院)의 권지(權知)에 보임되었다. 인조는 광해군과 집권파인 대북파(大北波)를 몰아내고 능양군(陵陽君) 종(倧)을 왕으로 옹립한 임금이다. 공은 예의에 밝고 풍모가 준수하여 인조로부터 각별한 총애를 받았다 한다. 그러나 인조조 당시는 안으로는 파쟁이 심하고 밖으로는 병자호란을 겪는 등 내우외환으로 어려움이 많았을 때여서 공도 정쟁에 휘말려 고초를 겪어야 했다.

공은 1633년(인조 11) 6월에 숭사전(崇思殿)을 개제한 공으로 말 한필을 하사받았으며, 1635년(인조 13) 11월 사간원(司諫阮)의 정언에 승진하고, 다음해 1636년(인조 14)에 시강원(侍講院)의 설서(設書)가 되었다. 이해 12월에 병자호란이 발생하자 왕이 남한산성으로 피신할 때 왕을 호종하였다.

다음해 1637년(인조 15) 3월 사헌부의 지평이 되고, 1638년 11월에 수찬(修撰)이 되었으며 1640년(인조 18) 9월에는 암행어사로 호서지방(湖西地方)에 파견되었다. 이후 관서도사(關西都事)를 거쳐 11월에 홍문관의 부교리(副敎理), 사헌부의 지평(持平), 1641년(인조 19)에 다시 홍문관의 교리가 되었다.

그후 1646년(인조 24) 12월에 사간원 헌납(獻納)이 되고, 의성현령(義城縣令)을 거쳐, 다음해 6월에 이조좌랑(吏曹佐郎)이 되었는데, 이때 당대의 세도가인 김자점(金自點) 아들 익(釴)이 전횡하며 승정원의 인사를 좌우하는 전랑(銓郎)에 오르려 하자 공은 이를 극력 저지하였다.

1648년(인조 26)에 다시 홍문관의 수찬(修撰), 1649년(인조

27)에 사간원의 사간(司諫)으로 승계되고 이어서 3방청(三房廳)의 태복사(太僕寺) 겸 춘추관(春秋館)의 편수관이 되었다. 이해에 인조가 승하하고 효종이 즉위하자 8월에 사헌부(司憲府)의 집의(執儀)가 되었다.

이때 이조판서 심액(沈諮)의 인사(人事) 잘못을 탄핵할 때 공이 이를 변호하다가 붕당을 짓고 비호할 계책만을 품고 변명한다하여 파직당하고, 10월 24일 귀양을 가게 되었다.

그런데 다음해 1650년(효종 원년) 4월에 효종은 전년에 유배시켰던 당쟁에 관련된 이시방(李時昉), 이지항(李之恒), 이시해(李時楷), 신면(申冕), 이행진(李行進), 이이존(李以存), 이해창(李海昌) 등을 다시 서용하면서 공도 복직되었고, 1651년(효종 2) 정월에 통정계(通正階)로 승계되었다.

그러나 이해에 김자점의 역모사건이 발생하여 공도 억울하게 연루되었다. 효종은 즉위하면서 부왕때 겪은 병자호란의 국치를 씻고자 은밀히 청과의 전쟁을 준비하고 있었는데, 영의정이면서 친청파인 김자점이 이 사실을 청국에 밀고하여 청국대군이 국경에 집결하고 그 진상을 조사하는 국난을 겪게 된다. 이해 12월에 조정은 김자점 일당을 처형하게 되고, 다음해 1652년(효종 3) 1월 9일 사헌부는 좌승지였던 공도 김자점의 문객으로서 전부(銓部)에 있을 때 김자점의 아들 익을 전랑으로 천거하고자 했으므로 삭탈관직하여 문외출송하라 하고 그후 논죄가 더욱 심해져서 마침내 극형을 선고받게 되었다.

이때 좌의정 한흥일(韓興一)이 공은 전랑(銓郎)으로 있을 때 김자점의 아들 익을 전랑으로 삼는 것을 강력히 거절한 사실을 고하여 크게 감형받고 언천(漹川)땅에 부처(付處)하는 것에 그쳤다.

그후 효종이 승하하고 1660년(현종 원년) 6월 10일 즉위한 현종에게 전 대사헌 심지원(沈之源)이 아뢰기를, "신이 헌장(憲章)으로 있으면서 김자점의 당여인 이시방(李時昉) 이지항(李之恒) 등을 논핵하며 모두 죄를 입혔는데 여러해 지난 뒤에까지도 영원히 폐인이 된다면 부당합니다." 김자점의 역옥(逆獄)이 있은 후로 시배(時輩)들이 이유태(李惟泰)를 사주하여 상소하게 하고 이시방(李時昉), 이지항(李之恒), 이이존(李以存), 엄정구(嚴鼎耉), 황감 등이 여러 사람을 자점(自點)의 당여로 만들었고 지원(之源)은 헌장(憲章)으로서 그들을 따라 논핵하여 지항(之恒) 등이 죄폐(罪廢)되었다. 시방과 이존은 원래 자점에게 붙은 자들이었지만 지항(之恒)은 김익희(金益熙)에게 마음을 사고 황감은 문망(文望) 때문에 시배들로부터 시기를 당했으며, 공 역시 시배(時輩)들을 그르다고 했기 때문에 모두 무함(誣陷)을 당했는데, 당시 사람들은 모두 이들을 억울하게 여겼다.

이후 여러해 지나서야 공의 모든 혐의가 벗겨지고 현종은 공을 찾아 태복시정(太僕寺正)에 다시 서용하였고, 얼마 후 홍문관의 교리(敎理), 승지(承旨)를 거쳐 1668년(현종 9) 3월 한성좌윤(漢城左尹)에 제수되었다. 그후 오위도총부부총관(五衛都摠府副摠管)을 겸임하다가 1670년(현종 11)에 서거하시니 향년 66세이다.

공은 타고나신 성품이 강직하고 예의가 밝아 인조에게 특별한 총애를 받았지만 당시 서인(西人), 남인(南人), 노론(老論), 소론(少論) 등의 당쟁에 휩쓸려 두 번씩이나 삭탈관직당하기도 했다. 실록(實錄)에는 나타나지 않았으나 공은 젊어서 경주부사(慶州府使)로 도임하여 선정을 베푼 선정비가 경주시 인왕동(1996년 현재)에 서있다. 비문의 내용은 다음과 같다.

부윤엄상공선정비(府尹嚴相公善政碑)

공의 휘는 정구(鼎耉)요, 자(字)는 중숙(重叔)이다. (公諱鼎耉字重叔)

영월엄씨(寧越嚴氏) 명현(名賢)

무진년(1628) 여름 4월에 도임(到臨)하여 (歲戊辰夏四月下車)
을해년(1635) 겨울 10월에 병으로 사임하다. (乙亥冬十月病辭)
정사를 베풀지 못하고 그쳤으니 가석하도다. (適不終厥施惜哉銘)
공은 어찌 이리 늦게 오시어서 일찍 떠나시는가. (公來何暮公去何速)
천세토록 선정을 잊지 않고자 이 비를 세우노라. (不忘千載有一片石)

공은 후사가 없어 장형(長兄) 휘 성구공(聖耉公)의 차자 충주목사 휘 찬(纘)을 계자(系子)로 삼았다. 배위 정부인 풍산김씨(豊山金氏)는 판서 수현공(壽賢公)의 따님이다. 문필(文筆)에 뛰어나 국립도서관에 근묵 한폭이 전하고 있다.

(참고자료 : 仁祖實錄, 孝宗實錄, 顯宗實錄, 燃黎室記述,
國朝人物誌 國朝榜目 한국민족문화대백과사전)

엄 집(嚴 緝)

자(字)는 경지(敬止), 호(號)는 만회(晩悔)이며, 시호(諡號)는 정헌(貞憲)이다. 성구(星耉)의 아들로 1635년(인조 13)에 태어나서 1710년(숙종 36)에 별세하였다.

1673년(현종 14) 정시문과(庭試文科)에 병과(丙科)로 급제하였고, 1678년(숙종 4)에 정언(正言)에 제수되고, 이어 부교리(副校理), 사간(司諫), 집의(執義), 승지(承旨) 등을 두루 역임하였다. 1696년 개성부 유수(開城府留守)에 올랐다가 1698년 도승지(都承旨)에 전입했다.

1701년 공조판서(工曹判書)로서 장희빈(張禧嬪)의 처벌을 주장했고, 이듬해 좌참찬(左參贊)에 이르러 병으로 사퇴했다.

청렴하기로 이름이 높았으며, 만년에 병이 들었으나 약을 쓰지 못하는 처지에 이른 상황이 좌의정 서종태(徐宗泰)에 의해 알려져 임금이 하사한 약으로 치료했다.

실기(實記)

20세손 휘 즙공(緝公)은 1635년(인조 13)에 사헌부 감찰(監察) 휘 성구공(聖耈公)과 통덕랑(通德郞) 휘 몽상공(夢尙公)의 따님 정부인(貞夫人) 순흥안씨(順興安氏) 사이에서 태어났다.

공은 기개가 있고 청렴하며 권문(權門)을 멀리하고 당쟁을 싫어하여 당세의 가장 출중한 인물로 세인의 추앙을 받았다.

공은 1673년(현종 14) 정시문과에 병과로 급제하고, 1677년(숙종 3) 8월에 사간원의 정언, 9월에 사헌부의 지평 등 빠른 승진을 거듭하였다. 이해 6월 도당록의 12인중에 올라 이후 여러 차례 3사(三司)의 청화직(淸華職)에 출입하며, 1684년(숙종 10) 4월 사헌부의 집의에 임명되었다.

그런데 공은 매사를 규율대로 엄격하게 지키기로 유명하였다. 이해 7월 집의에 제수될 때 승정원에서 한태동(韓泰東)을 체직하지 않고 다만 어명에 따랐다. 그러자 공이 말하기를, "임금의 전지를 봉입하지 않았으면 한태동(韓泰東)은 오히려 체직되지 않은 것이니 한 벼슬을 두 사람이 받을 수 없다."하고 출사하지 않았다. 이에 승정원은 한태동을 체직하는 전지를 봉입한 다음에야 교체된 공을 다시 임명한 일이 있었다. 공은 5월에 사간원의 사간이 되었다.

그런데 숙종은 장희빈 사건 등으로 예론에 치우쳐 당쟁이 심하고, 청렴강직한 공은 당쟁을 싫어하여 여러 차례 무함(誣陷)도 받았고 난경(難境)도 겪었으며, 1686년(숙종 12) 3월엔 일시 환패된 적도 있었다. 이후 곧 승지로 승계되고 재임하는 동안 남인(南人)

과 서인(西人)간의 당쟁이 일기 시작하여 마침내 영상(領相) 송시열(宋時烈)이 사사되는 기사사화(己巳士禍)가 일어났다. 이 사화를 모면한 공은 1689년(숙종 15) 3월 외직 전라도관찰사(全羅道觀察使)로 나갔다. 그러나 뜻에 맞지 않아서 3개월만에 사임하고자 상소하였으나 숙종의 간곡한 권면으로 다시 임지에 나갔다.

공은 1693년(숙종 19) 3월 승지로 임명되고 12월에 사간원의 대사간에 올랐다. 이후 또 다시 갑술옥사를 넘긴 공은 1694년(숙종 20) 8월 승지에 임명되고, 1696년(숙종 22) 2월 외직으로 나가 개성유수(開城留守)에 승질하고 한동안 평안감사(平安監司)를 지내기도 하였다.

2년 후 1698년(숙종 24)에 공은 도승지로 내직에 전임되고 이때부터 여러 가지의 중요한 상소를 돌려 조정공론을 이끌었다. 1699년(숙종 25)에 부사직으로 계시다가 다음해 1700년(숙종 26)에 다시 도승지가 되시고 11월에 한성부윤, 1701년(숙종 27) 2월 형조판서(刑曹判書)에 제수되었다. 이때 봉화(烽火)를 든 서일립(徐日立) 등이 스스로 상번(上番)하고 포(布)를 바치지 말 것을 격쟁하여 알렸는데 형판으로 있던 공이 상언하기를 본조에서 엄벌을 청하자 도배 하라고 했으나 후일 폐단을 고려하여 법문(法文)에 없으니 여러 신하에게 하순하여 처리할 것을 상주하였다. 강온 양론이 분분하자 임금이 효시(梟示)를 명했는데 공이 그 률이 과중함을 말씀드렸지만 임금이 끝내 들어주지 않았다.

이해 8월 북도시관 서종태가 병으로 사면되어 돌아왔으나 이미 65세로 노쇠하여 봉행하지 못한 일도 있다. 이해 8월 공조판서(工曹判書)에 제수되었는데 10월에 장희빈이 내전을 질투하고 원망하여 모해하려고 한 사건이 발생하였다. 이때 영상(領相) 최석정(崔錫鼎)이 세자(世子)를 위해 옥사중지(獄事中止)를 상주하자 중도 부처(中途付處)하게 하였다. 그러나 공조판서 공은 다음과 같은 상소를 올려 장희빈의 처벌을 주청하였다.

"왕세자가 이제 막 망극한 슬픔을 당하고 또 비상한 변고를 만났는데, 어머니의 목숨을 구하려 해도 변해할 말이 없고 은혜로 용서해 주기를 빌고자 해도 왕명이 지엄한지라 감히 그러하지 못할 것이니, 정의가 궁박하여 답답한 심사가 병이 된다면 우려되는 바가 어찌 국가와 관계되지 아니하겠습니까? 전하께서 희빈을 법대로 처벌하려는 것은 진실로 후일을 염려하는 뜻에서 나온 것입니다. 그러나 세자는 나라의 큰 근본이니 이로 인하여 끝내 몸을 상하게 되고 마음을 해치는데 이른다면 실로 온 나라 신민들의 눈앞에 닥친 절박한 근심이 될 것입니다. 이미 그 먼 장래만을 염려하고 가까운 문제를 염려하지 아니할 수 있겠습니까? 만약 미리 방비하는 방도라면 어찌 죽음 이외의 다른 방도는 없겠습니까? 경상과 권도(權道)를 참작하여 은혜와 법을 아울러 시행하는 것도 때에 따라 변화에 대처하는 뜻입니다. 만약 전하께서 토죄하는데 급급해서 다시 참작하여 헤아리지 아니 하시고 혹 세자의 처지를 경홀(輕忽)하게 여기신다면 장차 반드시 후일에 끝없는 후회가 될 것입니다."

이와 같이 고하니 임금이 그대로 따랐습니다. 이 일은 장희빈이 자진(自盡)하고 최석정(崔錫鼎)을 귀양간 것으로 끝났고 숙종은 이후 빈경(嬪卿)에서 후비(后妃)로 승격되는 일을 금하는 법을 제정했는데, 후일 이 법에 따라 고종은 엄귀비(嚴貴妃)를 왕후로 책봉하지 못하였다 한다.

공은 1703년(숙종 29)에 다시 개성유수(開城留水)에 제수되고 칠순으로 이미 노쇠한 공은 1706년(숙종 32) 7월 의정부의 좌참찬을 거쳐 예조판서를 역임한 다음 우참찬으로 있을 때 병환으로 치사하고 기로소에 들어갔다.

영월엄씨(寧越嚴氏) 명현(名賢)

공은 평생동안 청렴하고 고결하였으며 만년에 병으로 종사하지 못하고 청빈하여 약도 쓸 수 없는 지경이었는데, 이 사실을 좌의정 서종태(徐宗泰)를 통하여 알게 된 숙종이 상당량의 약물을 하사하였다 한다. 1710년(숙종 36) 4월 6일에 서거하니 향년 76세이다. 이날 사관(史官)은 다음과 같이 쓰고 있다.

"전판서(前判書) 엄즙(嚴緝)이 졸하였다. 엄즙은 벼슬 살이를 하면서 청렴하고 근신하여 스스로 신칙(申飭 : 알아듣도록 거듭 타일러 훈계함)하였다. 만년에는 병들어 종사하지 못하였고 가난하여 의약을 의뢰할 수 없었는데 좌의정 서종태가 그 사실을 아뢰자 임금이 적당한 약물을 주도록 하였다. 이때에 이르러 졸하니 나이 76세다."

공이 서거한지 86년이 지난 1796년(정조 20) 4월 6조에서 숙종 때의 문신중(文臣中)에서 청백리를 추천했는데 고판윤(故判尹) 이의만과 함께 공이 선임(選任)되기도 했다.

배위 증정경부인 원주김씨(原州金氏)는 부사용(副司勇) 휘 진문공(諱震文公)의 따님이며 장자 통훈대부광흥창수(通訓大夫廣興倉守) 경우(慶遇), 차자 중훈대부홍문관수찬(中訓大夫弘文館修撰)겸 경연검토관(經筵檢討官) 경수(慶隧), 삼자 좌부승지(左副承旨)겸 경연참찬관(經筵參贊官) 경하(慶遐)와 장녀서 청송심 체원(靑松沈体源), 차녀서 전의 이정즙(全義李庭楫)을 두었다.

공은 무진보(戊辰譜)를 발간하기 위하여 준비했으나 자료 수집을 하다가 뜻을 이루지 못하였다. 필재(筆才)에 능하여 국립도서관에 유묵 일편이 소장되어 있다.

(참고자료 : 肅宗實錄, 國朝榜目, 韓國歷代人物誌, 한국민족문화대백과사전)

인물편(人物篇)

엄찬공(嚴纘公)

조선 숙종조의 문신(文臣)으로 1642년(인조 20)에 태어나서 1713년(숙종 39)에 별세하였다.

실기(實記)

20세손 휘 찬공(纘公)은 사헌부 감찰(監察) 휘 성구공(聖耉公)과 통덕랑 휘 몽상공(夢尙公)의 따님 증정부인(贈貞夫人) 순흥안씨(順興安氏) 사이에서 태어났으며, 도총부부총관(都摠府副摠管) 정구공(鼎耉公)의 계자(系子)이다. 1691년(숙종 17) 5월 공이 충주목사(忠州牧使)로 있을 당시 그곳 아전들이 사나와 그들을 곤장으로 다스린 일이 있었는데 경연(經筵)에서 이적(怡績)을 이현일(李玄逸)이 아뢰었으나 임금이 그대로 유임토록 하셨습니다.

1696년(숙종 26) 2월 이조(吏曹)에서 선정을 베푼 수령 19인을 초록하여 왕께 보고할 때 공이 함께 수록되었다. 1702년(숙종 28) 1월 청주목사를 끝으로 관직을 떠나고 1713년(숙종 39)에 서거하였다. 배위 숙인 청송심씨(靑松沈氏)는 목사(牧使) 휘 서견공(瑞肩公)의 따님이며, 장자병조좌랑(兵曹佐郎)겸 춘추관기사관(春秋館記事官) 경운공(慶運公), 차자 진사 경적(慶迪), 삼자 통덕랑(通德郎) 경일(慶逸), 사자 부사과 경조(慶造)와 장녀서 참봉 풍산 홍만장(洪萬長), 차녀서 진사 한산 이의홍(李儀鴻), 삼녀서 부윤 안동 권세항(權世恒), 사녀서 교리 풍산 홍중휴(洪重休)를 두었다.

(참고자료 : 肅宗實錄)

엄 윤(嚴 綸)

자(字)는 사정(士正)이며, 호(號)는 노송(老松)으로 1635년(인조 13)에 태어났다.

조선조 중기의 문신(文臣)이다.

실기(實記)

20세손 휘 윤공(綸公)은 1635년(인조 13)에 진사(進士) 휘 석구공(碩耈公)과 영의정(領議政)을 지낸 휘 윤겸공(允謙公)의 따님 해주오씨(海州吳氏) 사이에서 태어났다.

공은 사맹(司猛)으로 봉직하다가 1678년(숙종 4) 43세의 나이로 증광시문과(增廣詩文科)에 갑과(甲科)로 급제하였다. 돈영부(敦寧府)의 주부(主簿)를 거쳐 성균관의 전적(典籍)을 지냈다.

배위 숙인 순흥안씨(順興安氏)는 통덕랑(通德郎) 휘 응길공(應吉公)의 따님이며 장자(長子) 생원 한징(漢徵), 차자 성균진사 한붕(漢朋), 삼자 부사용(副司勇) 한용(漢容), 사자 통덕랑 한일(漢逸), 오자 성균진사 한우(漢友)를 두었다.

(참고자료 : 國朝榜目)

엄경중(嚴敬重)

조선조에 첨정(僉正)을 역임하였다.

엄경운(嚴慶運)

조선조의 문관으로, 1710년(숙종 36) 정월에 천안의 군수(郡守)에 도임하여 1712년(숙종 38) 3월에 수유 상경하였고, 같은 해 5월 재임 중 별세하였다.

엄경수(嚴慶遂)

자(字)는 중성(仲成), 호(號)는 부재(孚齋)이다. 예조 판서 즙(緝)의 아들로 1672년(현종 13)에 태어나서 1718년(숙종 44)에 별세하였다.

1705년(숙종 31) 진사(進士)로 증광문과(增廣文科)에 갑과(甲科)로 급제하여 1716년(숙종 42)에 홍문관 수찬(弘文館修撰)에 등용되었다. 이 해 교리(校理)로서 관작(官爵)이 추탈(追奪)된 윤증(尹拯)을 변호하는 상소를 올려 삭출(削黜)당했다.

실기(實記)

21세손 휘 경수공(諱慶遂公)은 1672년(현종 13)에 예조판서(禮曹判書) 휘 즙공(緝公)과 부사용(副司勇) 휘 진문공(震文公)의 따님 증정경부인(贈貞敬夫人) 원주전씨(原州全氏) 사이에서 차남으로 태어났다.

공은 일찍이 진사에 합격하고 1705년(숙종 31) 증광시 갑과에 급제하여 1727년(영조 3년) 증광시문과에 병과로 급제한 아우 휘 경하공(慶遐公)과 함께 형제분이 나란히 관직에 나아갔다.

당시 숙종은 정치에 관심이 많았지만 예론(禮論)에 치우치고 서인과 남인간의 당쟁이 그칠 날이 없어 많은 사류들이 희생되었다.

공은 1716년(숙종 42) 5월 부제학(副提學) 유봉휘(柳鳳輝) 등이 홍문록(弘文錄)을 만들 때 17인 중 한명으로 선발되었고, 이어 6월에는 도당록(都堂錄)에 올라 간관(諫官)의 길이 열리고 곧 홍문관(弘文館)의 수찬(修撰)에 임명되었습니다. 그런데 수찬(修撰)이 된지 얼마 되지 않아 당쟁에 휘말려들게 되는데, 바로 이해 7월 25일 경기도, 충청도, 전라도 등 삼도의 유생 60인이 서인(西人)인 윤선거(尹宣擧)의 80년 전의 일을 내세워 상소(上疏)를 올린 것이다.

"생각하건대 우리 효종대왕께서 위 아래가 거꾸로 놓일 때를 당하여 크게 유위(有爲)할 뜻을 분발하여 선정신(先正臣) 송시열(宋時烈) 등 제신을 불러들였는데, 그 한 당에서 신밀히 경영한 것이 모두 안으로는 정사를 닦고 밖으로는 오랑캐를 물리치는 계획과 토벌하여 원수를 갚는 일이었습니다. …… 불행히 춘추의 의리를 듣기 싫어하였고 그 때문에 송시열(宋時烈)을 시기하고 감히 또 효종임금께 불만하는 마음을 품었는데, 대개 일찍이 송시열에게 글을 보내어 경계한다고 평계하여 구천(句踐)을 속였다느니, 연광(延廣)이 미쳤다느니 하는 따위의 말로 덕을 같이 하는 임금과 신하를 아울러 근거없이 헐뜯었습니다.

또 윤선거(尹宣擧)의 아들 윤증도 글로 큰 의리를 지키는 일을 헐뜯어 송시열에게 박절하게 한 것이 윤선거의 뜻과 한결같았고 윤증의 무리 최석정(崔錫鼎)은 윤증의 제문(祭文)을 짓되 빈말을 하고 실행하지 않는 다느니 고상한 말을 하고 성취한 것이 없다느니 하는 따위의 말로 송시열이 지킨 큰 의리를 근거없이 헐뜯었습니다. 송시열의 큰 의리가 무함(誣陷)받는 것은 곧 효종대왕께서 무함를 받으신 것입니다.

또 신들이 근래에 비로소 세상에 간행된 윤선거의 문집을 얻어보았는데 그 가운데 효종께서 정축년에 강도(江都 : 江華島)에서 하신 일을 무함하여 스스로 자기의 죄를 엄폐하는 여지로 삼았는데 큰 의리를 무함한 것도 중대하지만 강도(江都)의 일을 무함한 것은 더욱 중대합니다."

이 밖에도 윤선거의 문집 중 여러 대목을 골라 논박하면서 "3사(三司)의 신하는 전하의 이목 논사(論思)의 책임을 맡았는데 서로 돌아보고 망설여 감히 이 일을 논급하지 못하니 신은 참으로 개연

인물편(人物篇)

합니다."하였다.

　상소에 접한 숙종은 윤선거가 성조를 무함한 것이 소와 같다면 마음 아픈 것이 무엇인들 이보다 더 크겠느냐? 문집을 본 뒤에 처분하겠다 하고 문집을 바치게 하였다. 또한 신구(申球)가 삼사를 배척하였다 하여 지평 윤양래(尹陽來)등이 모두 인피하였다.

　서인(西人)이었던 윤선거는 일찍이 인조조의 사람으로서 송시열 등과 경의를 강론한 저명한 유생이었다. 1637년(인조 15)에 청군(淸軍)이 국경에 집결하여 위협하자 청장(淸將) 용골대를 참수하라는 상소를 올렸지만 이해 12월에 병자호란이 발생하자 강화도로 피난갔다가 중부 윤전(尹烇)과 친우(親友) 권장순(權長順), 김익겸(金益謙)이 모두 전사하고 그의 처 이씨(李氏)도 순절하는 등 간신히 화를 면했다. 이어 남한산성이 함락되고 인조가 서울 성동(城東)에 있는 삼전도에서 항복하고, 그의 아비 윤황(尹煌)은 척화론을 편 죄로 유배되었다. 이같은 윤선거에 대한 상소에 대하여 예조참판 오명준(吳名峻)이 상소(上疏)하기를, "고윤선거는 병자년의 변을 겪고 원수를 갚고자 하였으나 자폐하고 자획하여 이미 세상에 나서지 못하고 충성스런 마음이 오직 성군(聖君), 현보(賢輔)가 대업을 회복하여 춘추(春秋)의 의리(義理)를 펴는 것이었고 마침 효종께서 한두 암혈지신(巖穴之臣)과 밤낮으로 천하의 큰 의리를 펴고자 하였습니다. 그래서 윤선거가 마음에 기꺼이 묵계(嘿契)되어 위업을 남몰래 도울 것을 생각하고 성군에게 경계를 아뢰려면 반드시 강도(江都)의 일을 인용하여 계에 있었던 일을 잊지 않을 뜻을 격발하여야 했고 동지(同志)를 획책하려면 반드시 춘추(春秋)의 의리를 거론하여 주(周)나라를 일으키는 공렬(功烈)을 권면하여 하였을 것입니다. 이것이 향유가 들추어내는 밑거리와 주워모으는 근본이 되었을 것입니다."하고, 윤선거의 글을 일일이 열거하여 해명한 다음 "이제 향유들이 황처럼 혀를 교묘히 놀려 헐뜯어 곧바로 악역의 죄를 몰려고 합니다.

아! 효종을 핍박한다는 사자(四字)는 송시열의 지극히 억울한 일이나 이제 윤선거를 무함한 것은 송시열에 견줄 것이 아니니 세도와 인심에 어찌 더욱 해롭지 않겠습니까."하였다. 이에 임금이 "유생들의 상소에 말한 것과 같지 않으므로 내가 이미 가벼이 논할 수 없다는 것을 알았다."고 비답하였다.

그런데 숙종의 불문비답이 있은 후 8월 3일 홍문관 수찬(修撰)이었던 공이 유생 신구(申球)를 죄주기를 청하는 다음과 같은 상소를 올렸다.

"예전에 적신(賊臣) 유자광이 조의제문(弔儀祭文)을 풀이하여 임금의 마음을 감동시켜 노하게 하였습니다. 그래서 한때의 선류(鮮類)가 다 죽었는데 그때의 화가 극렬하였으므로 이제까지 전하는 자는 오히려 기운이 약해지고 마음이 두려워집니다. 이백 년 뒤에 신구(申球) 등의 소가 다시 나왔는데 한결 같이 유자광이 남긴 꾀를 따랐으니 이를 뭇사람의 뜻이 두려워하는 바입니다.

다행히 성조께서 위에 계신데에 힘입어 도깨비 같은 자들이 그 정상(情狀)을 숨기지 못하였으나 한 범상한 임금이 이일을 당하였으면 어찌 무오년(戊午年)의 어지러운 전철을 밟지 않으리라고 보장하겠습니까?

신은 윤선거가 참으로 성상을 무함하는 말을 하였다면 윤선거를 죄주고 아울러 신구를 징계하여 뒷날의 화를 막아야 할 것이라고 생각합니다. 이제 전하께서 이미 그것이 거짓인줄 아셨으니 신구와 같은 자를 그저 잠자코 묻지 않을 수 있겠습니까?

오늘날 대각의 신하도 어찌 분하고 미워하는 마음이 없겠습니까마는 여러날 동안 옆에서 듣고도 죄주기를 청하는 일이 없었으니 신은 애석하게 여깁니다."라고 하였다.

　공의 이러한 상소가 제출되자 숙종은 비답하기를, "너의 상소는 대개 분하고 미워하는 데에서 나왔다. 본문 가운데서 위 아래의 문맥을 내가 상세히 보았으나 유소에 근거한 것을 보지 못하였으니 어찌 근거없이 헐뜯었다는 조목으로 망측한 죄를 물을 수 있겠는가? 사습(士習)이 이에 이르렀으니 매우 슬프다."하고 윤선거의 문집을 유생에게 돌려주게 하였다.

　그런데 다음날 4일 사헌부(司憲府)의 장령 한영휘(韓永徽), 지평 윤양래(尹陽來), 정언 황선(黃璿) 등도 공에게 배척받았다고 인피(引避)하니 모두 조치하여 다시 출사케 하였다.

　한편 8일에는 진사 이홍제(李弘躋) 등 2백 인이 신구(申球)의 소를 배척하는 장문의 상소를 올렸는데, 1월 24일 좌의정 김창집(金昌集)이 상차하기를 요즈음 향유 신구(申球)의 소 때문에 논의가 분분하니 "윤선거의 본심은 성조를 근거없이 헐뜯는데 있지 않으나 그 외람되고 경망한 죄는 이제 면할 수 있겠습니까? 그러나 그가 죽은 지 이미 오래되었으니 국가에서 논할 만한 것이 못되고 신구(申球)같은 괴귀의 무리가 성총에 아뢰어 근거없이 욕하고 있다 하니 그 말뜻이 성심에 닿지 않아야 할 것입니다.

　또한 엄경수는 유자광을 인용하여 마치 사림의 화가 곧 일어날 것처럼 말하며 천총(天聰)을 공동(恐動)하고 뭇사람의 입을 협제(脅制)하려 하였으니 어찌 그리 남을 무함하기에 급급하여 자신이 그 말을 답습하는 것을 꺼리지 않습니까? 경악 사이에도 이러한 수단이 있는 줄 헤아리지 못하였습니다. 대각의 신하들이 망설이고 움츠려서 처음부터 피혐하는 말이 대개 다 흐릿하고 구차하여 거의 의리를 이루지 못하였으니 신은 대단히 슬픕니다."하고 윤선거는 논외를 하고 그 망령된 글의 그 판본을 없애고 조사, 유생의 소는 일체 봉입(捧入)하지 말 것을 주청하였다. 이에 숙종은 신구를 견책하기를 청한 소두 이홍제(李弘濟)는 태인현(泰仁縣)에 정배 보내고, 공은 파직하여 서용하지 말고, 판본은 헐어없애라고 전교하였다.

이상과 같은 임근의 전교에 크게 분개한 세자시강원(世子侍講院)의 문학 여필희(呂必禧)가 9월 9일 상소하여 "좌의정 김창집을 헐뜯어 배척하되 지록(指鹿)의 간사함과 복마(伏馬)의 배척(排斥)을 들어서 말하기까지하고 또 공과 이홍제(李弘濟) 등을 죄준 것이 부당함을 논하고 후사(喉司 : 三司)에서 소장을 봉입하지 아니하여 대신에게 아첨할 줄만 알고 천청(天聽)이 가리워지는 것을 돌보지 않으니 신은 당여(黨與)는 아래에서 이루어지고 임금의 형세(形勢)는 위에서 외로워져서 전하의 국사가 장차 날로 잘못될 듯합니다."고 하였다.

숙종은 비답(批答)하지 않고 특교하기를, "이 소의 사연을 보건대 악인의 죄목을 주어모아 나라를 근심하고 일을 논해 대신에게 뜻대로 헐뜯어 욕함이 더하니 참으로 놀랍고 한탄스럽다. 임금의 형세(形勢)니 당여(黨與)니 하는 말은 극진히 헐뜯어 욕한 것도 매우 놀랍다. 문학 여필희를 파직하여 서용하지 말라."고 하였다. 그 후 정언 조상경(趙尙絅)이 다시 여필희(呂必禧)의 징계를 요청하니 관직을 삭탈하고 문외출송(門外黜送) 하였다. 그리고 윤선거의 문집 판본(板本)은 헐라고 충청도에 분부하자 대사간 이세면(李世勉)이 충청감영(忠淸監營)에서 상소하기를, "임금의 전에 없던 과실을 눈으로 보고도 잠자코 말이 없이 오직 봉행하는 것을 공정한 것으로 여기는 것을 직분을 저버리고 나라를 저버리는 것이니 어찌 감히 이 일을 하겠습니까?"하자 임금이 체직(遞職)하라고 명하였다. 이 일이 있은 이후에도 여러 신하들의 반대상소가 있었으나 숙종은 판본을 힐게 하였다. 그리고 10월 14일 장령 안중필(安重弼)이 공의 죄를 징계하기를 청하자 왕은 관작을 삭탈하여 문외출송하라고 하였다. 이 일로 하여 공은 대과급제하고 출사한지 겨우 3개월 만에 정쟁의 희생이 되고 웅지를 펴보지 못한 채 관도에서 물러났다.

이후 공은 독서와 시작에 전념하며 재기를 기다렸으나 2년 후인 1718년(숙종 44) 6월 6일 서거하니 향년 47세이다.

배 증정부인 한산이씨(韓山李氏)는 현감 휘 완공(浣公)의 따님이고 증정부인 광주이씨(廣州李氏)는 휘 화징공(和徵公)의 따님이다. 예조판서(禮曹判書)겸 오위도총부도총관(五衛都摠府都摠管) 장자 숙(璛)과 장녀서 진사 의령 남태윤(南泰胤), 차녀서 대사간(大司諫) 함평 이수봉(李壽鳳)를 두었다. 시집 2권이 집안에 전하고 있다.

(참고자료 : 肅宗實錄, 國朝榜目, 한국민족문화대백과사전)

엄경하(嚴慶遐)

자(字)는 이장(耳長)이며, 호(號)는 가은(稼隱)이다. 1678년(숙종 4)에 태어나서 1739년(영조 15)에 별세하였다.

조선 영조조에 군역개혁(軍役改革)에 이바지한 문신(文臣)이다.

실기(實記)

21세손 휘 경하공(慶遐公)은 1678년(숙종 4)에 예조판서(禮曹判書) 집공(緝公)과 부사용 휘 진문공(震文公)의 따님 정부인(貞夫人) 원주김씨(原州金氏)와의 사이에서 태어났다.

공은 홍양(洪陽)에서 자랐으며 49세 때인 1727년(영조 3) 알성시(謁聖試) 문과에 급제하고 1729년(영조 5) 7월에 승문원(承文院)의 정자, 박사를 거쳐 동년 7월 본관록(本館錄)에 오르고, 1730년(영조 6) 2월 사헌부 지평(持平)이 되었다.

1731년(영조 7) 4월에 사간원의 헌납(獻納)으로 자리를 옮기고, 다음 해 5월에 부사직(副司直)에 올랐다. 이때 공은 5월 4일 당시 세간에 불공정하다는 불평이 심했던 군역개혁안(軍役改革案)을 상소하였다. 군역이 그 본래의 성격이 변질되어 백성들을 어렵게 하던 것을 시정하고자 혁신적인 개혁안을 제출한 것이다.

"오늘날의 양역(良役)은 실로 일백 년이 되도록 구제하기 어려운 폐단입니다. 호포(戶布), 유포(遊布), 결포(結布) 등에 대한 논의는 결코 그것이 방해가 됨을 알고 있습니다만은 만약 한 필의 제도를 행하려고 한다면 군보(軍保)의 수고스럽고 편안함을 고르게 함이 마땅합니다.

대저 각 고을의 보인(保人)은 모두 일 년에 한필의 구실을 부담하는데 기병이나 보병은 16개월에 2필을 바칩니다. 그리고 금위영(禁衛營)과 어영청(御營廳)의 군사는 4년에 한번 상번하는데 또 자보(資保)를 지급합니다.

신은 생각하기를 기병과 보병이 바치는 면포는 감(減)하여 일 년에 한필로 하고, 금위영(禁衛營)과 어영청(御營廳)의 군사는 임시로 윤번을 피하고 장정을 뽑아 훈국(訓局)의 승호포수(陞戶砲手)처럼 장기간 호위하게 하되 번을 들려 나가지 않는 자는 한해에 한 필씩 바치도록 할 것이며 이것도 부족하면 각도의 전결(田結)과 잡역으로 이개(釐改)할 수 있을 것이라고 여겨 삼가 조목으로 열거하여 아룁니다.

1. 서울의 각 영(營)과 각 사(司)에서의 2필 구실은 일년에 거둬들이는 것이 33만 6천 9백여 필인데, 지금 한 필의 제도를 시행한

다면 이 수의 군사가 있은 후라야 이를 감당할 수 있습니다. 아무리 기병과 보병 그리고 금위영과 어영청 군사의 변통한 금포(錦布)를 통제한다 하더라도 부족한 수는 오히려 3만 7천 7백여 필이 되며 각 도(道)의 방군(防軍)과 수군 및 육군의 군보(軍保)는 합쳐서 12만 9천 6백여 명이 되는데, 지금 한필의 제도를 시행한다면 부족한 것은 군사의 액수만큼 됩니다.

1. 각도(各道)의 봉수원군(烽燧元軍) 및 보인(保人)은 많고 적음이 일정하지 않으니, 만약 봉화마다 참작해서 오호(五戶)로 정한다면 남은 군사가 의당 4만 2천 6백여 명이 될 터이니 각기 면포(綿布)를 거두어서 부족한 숫자에다 옮겨서 보충하는 것이 적합하겠습니다.

1. 각 도의 전결(田結)과 잡역(雜役)의 고되고 수월함이 같지 않습니다. 지금 또 참고로 헤아려보면 삼남(三南)은 일결(一結)마다 일양(一兩)을 징수하고, 경기에서는 일 결마다 일양오전(一兩五錢)을 징수하며 양서(兩西) 및 관동(關東), 관북(關北)도 역시 삼남에 의거하여 일결(一結)에 일양(一兩)씩 징수하되 그 가운데서 특별히 각 영읍(營邑)에 제급(除給)하고 대저 닭과 땔나무 등의 잡비는 나머지 부족한 것의 대신(代身)으로 옮겨서 채우게 하소서.

1. 금위(禁衛), 어영(御營) 두 군영의 군사 십초(十哨)의 승호(陞戶)한 자는 의당 훈국(訓局)의 사례와 같이 해마다 사람들에게 각각 9필의 면포(綿布)를 지급하되 이것은 경상비용 밖의 것으로 삼남과 해서(海西)의 결전(結田) 가운데서 미루어 옮기게 하소서.

그리고 금위영과 어영청에 소속된 해서(海西)의 별효위(別驍衛) 및 별효수(別驍隧)의 상번(上番)은 폐단이 있으니 우선 번드는 것을 정지하도록 하여 본도(本道)의 감영과 병영에 옮겨서 소속시키고 해마다 시험에 나아가게 하며 직부(直赴)는 별무사(別武士)의

예와 같이 하고 그 보군(保軍)은 금위영과 어영청에서 면포를 거두어 승호(陞戶)에게 9필씩 지급하는 숫자에 보충하게 하소서.

1. 각 도(道)의 군총(軍摠) 및 전결(田結) 잡역전(雜役錢)을 전부 모아 묘당(廟堂)으로 하여금 처리하게 하소서."

이상과 같은 구체적이고 혁신적인 장문의 상소를 접한 영조는 우악(優渥)한 비답(批答)을 내리고 비국(備局)으로 하여금 품처(稟處)하게 하였습니다. 공은 얼마 후 통정대부(通政大夫)로 가자되었다. 그 후 1738년(영조 14) 3월 승정원의 승지에 제수되시고 경연참찬관을 겸무하였다.

공은 다음해 1739년(영조 15) 11월 5일 서거하니 향년 62세이다. 유집(遺集) 2권이 후손에 전하고 있습니다. 배위 증숙부인 풍천임씨(豊川任氏)는 영월관찰사(寧越觀察使) 휘 순원공(舜元公)의 따님이며 장자 대사련(大司鍊) 우(瑀)와 차자 현령 구(球)를 두었다.

(참고자료 : 英祖實錄, 國朝榜目)

엄한중(嚴漢重)

자(字)는 자정(子鼎), 호(號)는 용호(龍湖)이며, 1604년(현종 5)에 태어나서 1732년(영조 8)에 별세하였다.

조선조의 문신(文臣)이다.

실기(實記)

21세손 한중공(漢重公)은 1664년(현종 5) 진사(進士) 휘 전공(銓公)과 사과(司果) 휘 규공(楑公)의 따님 덕수이씨(德水李氏) 사이에서 태어났다.

공은 1694년(숙종 20) 정시문과(庭試文科)에 병과로 급제하였다. 가보(家譜)에 의하면 승문원의 정자(正字)와 박사(博士)를 거쳐 3차에 걸친 주(州) 군재신(軍宰臣)과 독우관(督郵官)을 역임하고 성균관(成均館)의 전적(典籍), 홍문관(弘文館)의 교리(敎理), 돈녕부(敦寧府)의 첨정(僉正) 등을 역임하였다.

1728년(영조 4)에 경상도 난적(亂敵) 이인좌(李麟佐)가 난을 일으키자 영사(領事), 경연(經筵) 홍문관, 예문관, 춘추관 등의 장(長) 정일품으로 좌영진(左營鎭)에 부임 가던 중 풍질이 발생하여 거소 서호(西湖)로 귀가 하여 치료하다가 1732년(영조 8)에 서거하니 향년 69세이다.

배위 숙인 광산이씨(光山李氏)는 진사를 지내신 휘 지원공(志遠公)의 따님이며 장자 통덕랑 경공(儆公)과 차자 정(政)을 남겼다.

(참고자료 : 國朝榜目)

엄한붕(嚴漢朋)

자(字)는 도경(道卿)이며, 호(號)는 만향재(晩香齋)이다. 의길(義吉)의 아들로 1685년(숙종 11)에 태어나서 1759년(영조 35)에 별세하였다.

초서(草書)와 예서(隸書)에 뛰어났고 특히 쌍구전묵(雙鉤塡墨)에 능했다. 고금의 서법(書法)을 모사(摸寫)하여 「집고첩(集古帖)」을 만들었는데, 당시 사람들이 이를 진보(珍寶)로 삼았다고 한다. 그 외에도 많은 비갈(碑碣)을 써서 한호(韓濩) 이후의 제1인자라는 칭송을 받았다.

그 이름이 청나라에 알려져 옹정제(擁正帝)가 사신을 통해 비단 1필을 내리고 '경화문(景化門)'이라는 3자(字)를 받아오게 했다.

영월엄씨(寧越嚴氏) 명현(名賢)

저서에 『만향재 시초(晩香齋 詩鈔)』가 있다.

명필(名筆) 한붕공(漢朋公)

영조(英祖)조의 엄한붕공(嚴漢朋公)은 천하명필(天下名筆) 한석봉(韓石峰) 이후의 1인자라 극찬받는 엄문(嚴門)의 현조(顯祖)이다.

21세손 한붕공은 1685년(숙종 11)에 아버님 의길공(義吉公)과 정득공(正得公)의 따님 연안차씨(延安車氏) 사이에서 나셨다. 자(字)는 도경(道卿), 호(號)는 만향재(晩香齋), 5남 4녀중 3남(男)이다.

한붕공은 학자이신 선친(先親)의 재능을 이어 받아 젊어서부터 글씨를 잘썼다. 아버님 의길공(義吉公)의 시문(詩文)은 당시『해동유주(海東遺珠 : 閭巷詩集 1卷, 숙종 때 洪世泰 編)』와『풍요속선(風謠續選)』에 선정되었다.

한붕공은 시에 능하고 초서(草書)와 예서(隸書)에 재능이 뛰어났으므로 당시 사람들은 비갈문(碑碣文)을 많이 받아갔다. 또 글자 위에 획(劃)을 그리고 묵(墨)으로 획(劃)을 채우는 '쌍조곽전(双釣廓塡)' 일명 '쌍조전묵(双釣塡墨)'에 능하였고, 고금서법(古今書法)을 모방한 서체(書體) 모음을 『집고첩(集古帖)』이라 하니 사람들이 이를 진보(眞寶)로 삼았다.

생시에 한붕공의 필재(筆才)는 국내서 보다 중국에서 더 유명했다. 청국(淸國) 옹정제(雍正帝)는 영조(英祖) 때 한붕공이 쓴 자문(咨文)을 보고 크게 감탄하여 칙사(勅使)를 보내 공의 글씨를 받아와 궐문(闕門)현판으로 걸었다. 이 사실은 공의 3남 계응공(啓膺公)이 1794년(정조 13)년 62세 때 간행한 『금금기실시(錦衾記實詩)』의 서문(序文)에 다음과 같이 상세히 쓰고 있다.

오! 슬프도다. 선고(先考)께서는 글씨를 잘 쓰시어 세상에 명성을 떨치셨도다. 중국서 사신이 오면 항상 병장(屛障 : 병풍 또는 가리개)을 써 갔다.

이처럼 대소묵적(大小墨蹟)이 연경(燕京)을 비롯하여 청나라 전지역에 퍼져 나갔다고 하나 아직까지 편액(扁額)을 쓰셨다거나 한석봉(韓石峰)처럼 황명전(皇明殿 : 中國宮城의 扁額)을 쓰셨다는 말은 듣지 못했었다.

나의 유년시절 우리집에 금금(錦衾 : 비단이불) 한 채가 있었는데 모친께서 항상 그 이불을 가리키며 '이 이불은 중국황제께서 너의 아버지에게 윤필료(潤筆料 : 글씨 쓴 謝札費)로 하사하신 것이다'라고 하신 말씀을 기억하고 있다. 그러나 불초소자는 다만 그 말씀만 기억하고 있을 뿐 지금까지 그 자세한 사연을 알지 못하고 있었다. 그런데 마침 금상(今上)에 3종형(從兄) 만호(万戶) 대우형(大祐兄)이 동지정사(冬至正使) 홍량호(洪良浩)의 종사관(從事官)으로 연경(燕京)에 다녀왔다. 대우형(大祐兄)은 10여 년간 평양(平壤)에 살다가 금년(今年 : 정조 18)에 서울로 와서 연경수행(燕京隨行)때 쓴 기록을 보여주며 다음과 같이 말했다.

"내가 연경(燕京)갔을 때 황제(皇帝)는 각국 사신들에게 응제(應製 : 命에 따라 詩를 짓게 하는 것)를 명했다. 나는 사신을 따라 뒤에서 바라본 즉 태화전(太和殿) 동편의 등화문(登化門) 옆에 '경화문(景化門)'이 있었는데 그 편액(扁額)에 조선국인(朝鮮國人) 엄한붕서(嚴漢朋書)라는 팔자(八字)를 보았다. 깜짝 놀라 화인(華人)에게 물어본즉 '지난날 옹정제(雍正帝)께서 조선에서 보낸 자문(咨文)을 보고 그 해서필법(楷書筆法)이 정교함에 감탄하고 그후 사신이 나갈 때 윤필료(潤筆料)으로 홍금(紅錦) 한필(匹)을 보내어 조선서 자문(咨文)을 쓴 자(者)에게 하사하고 경화문(景化門) 3자를 써다가 이곳에 현판한 것이다.'고 했다. 또한 그 사실을 알고 있는 연만(年滿)한 역관(譯官)은 말하기를 '지난 날 황제(皇帝)의 칙사(勅使)가 조선에 갔을 때 분향(焚香)하고 소서(紹書)를 고한 다음 모공(某公:漢朋公을 뜻함)이 쓴 편액(扁額)을 갖고 왔다'는 말을 들었다고 하였다."

불초소자(不肖小子)는 그 기록을 살핀 후에야 유년 시절 집에 있던 비단 이불이 문득 그 당시 황제의 하사품임을 확실히 깨닫게 되었다.

아! 선군(先君)께서는 해외 편방(偏邦)에서 나시고 그 필체(筆體)와 문장(文章)이 절묘하시어 이역(異域)을 경동(警動)케 하셨다. 황제께서 애중(愛重)하게 여기시고 그 필체(筆體)를 구하여 기

만향재(晚香齋) 한붕(漢朋)의 친필 유묵

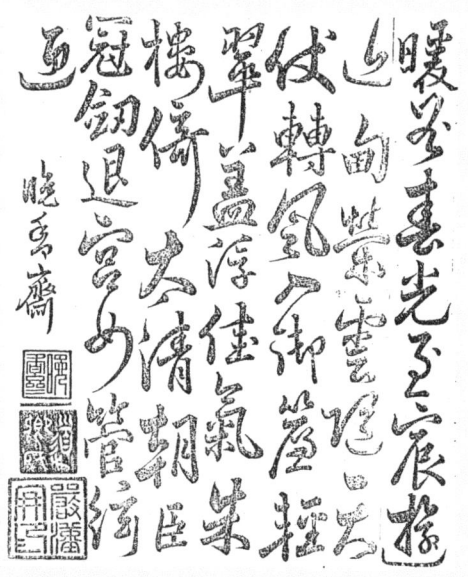

거(起居)하시는 궐문현판(闕門懸板)으로 삼으셨다. 모래알처럼 해외(海外)로 흘러나가 염풍삭설(炎風朔雪 : 四季節)에 그 현판을 쳐다보는 첨치인(添齒人 : 나이 많은 사람들)들이 손을 들어 가르키면 감상할 때마다 누가 쓴 글씨라는 사실을 알게 될 것이다. 어찌 장한 일이 아니리요!

불초소자(不肖小子)는 너무 감격(感激)한 나머지 이 사실을 그대로 묻어 둘 수 없어 경건한 심정으로 근체시(近體詩 : 당시 巷閭간에 流行하던 中人層의 文體詩) 2편을 짓고 삼가 그 사연을 알리는 서문(序文)을 써서 유훈(遺訓)으로 후세에 전하고자 한다.

계응공(啓應公)의 『금금기실시(錦衾記實詩)』집(集)은 4.6판(版) 소형필사본(小形筆寫本)이다. 그 내용은 계응공을 비롯하여 손자(孫子) 성묵(性黙)이 연경(燕京)을 다녀온 대우(大祐), 기타 문인 등 27인이 한붕공(漢朋公)의 '景化門' 편액(扁額)을 찬양하는 시집이다. 다음에 계응공(啓膺公)시 1편을 옮겨본다.

선군의 필적이 연경(燕京)까지 흘러가서 (先君筆蹟入燕京)
높이 궁성에 걸렸으니 백대(百代)의 광영이로다. (高揭皇居百代榮)
붉은 기운이 구름에 엉켜 용봉이 뛰노는 듯하고 (紫氣凝雲龍鳳活)
신비한 빛이 사람에 비치니 귀신이 놀라는구나. (炅光射日鬼神警)

구중궁궐 누각에 영화로운 빛이 더욱 찬란해 (九重樓閣增華輝)
방국의 의관들이 그 성명을 아는구나. (萬國衣冠識姓名)
매양 우러러 보면서 이몸 늙은 것이 안타까워 (每欲仰瞻嗟己老)
꿈속에 자주 소주(蘇州)을 향해 오고 간다. (夢魂頻向蘇州行)

그런데 한붕공의 필시(筆侍)는 사후(死後)에 오히려 높이 평가받

앉다. 공께서 서거한 지 6년 후인 1765년(영조 41)에 그의 손자 성묵(性黙)이 모사(模寫)하고 남태백(南太伯)이 각자(刻字)한 『만향서첩(晚香書帖 : 草千字文)』이 간행되었다. 이 서첩(書帖)을 본 강세황(姜世晃)은 다음 같은 발문(跋文)을 썼다.

나는 유시(幼時)부터 만향재(晚香齋)선생의 서법(書法)을 보아왔는데 당시에는 별로 심취(心醉)하지 못하였다.

아마도 서로의 연세차이(年歲差異 : 29세차) 탓으로 필법(筆法)을 논할 수 없었던 것 같다. 마침 그의 3남 계응(啓膺)이 신간(新刊) 『초천자문(草千字文)』 1권(卷)을 보여주었다. 참으로 이왕묘처(二王妙處)를 체득한 글씨다. 진실로 우리 동방(東邦)에서는 근래에 얻기 어려운 글씨다. 열현 한 바를 품제(品題 : 評價)로 후일을 위해 여기 쓴다.

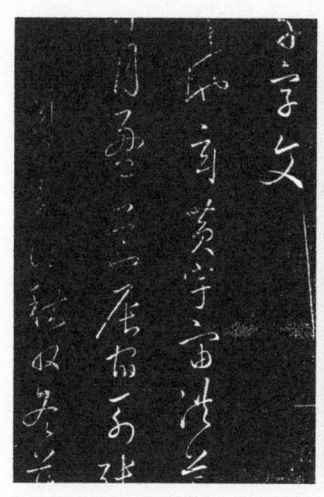
만향재(晚香齋) 한붕(漢朋)의 친필초(親筆草) 『천자문(千字文)』 서첩(書帖)

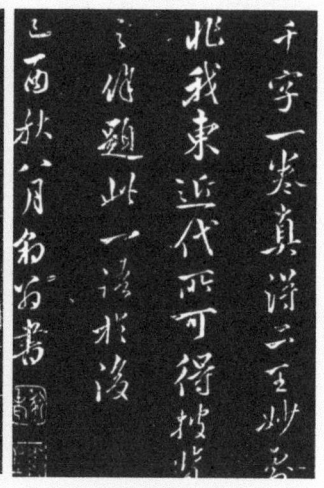
당대의 명필 표암(豹庵) 강세황(姜世晃)이 쓴 발문

이렇게 극찬하였다. 이왕묘처(二王妙處)란 '당대의 명필 손우정(孫遇庭)은 고대부터 당대까지의 명필체를 모은 『서보(書譜)』를 편찬했다. 그 상권(上卷)에 왕희지(王羲之)가 옛날부터 글씨 잘 쓰는 인사(人士)로 한(漢)나라 위유종(魏有鍾)과 장문절(張文絶)을 진(晋)나라 말기의 이왕지묘(二王之妙)라 평한 글이 있다.

표암(豹庵) 강세황(姜世晃)선생이 한붕공의 초천자문(草千字文)이 발문 후기에서 이왕묘처라 함은 왕희지(王羲之)와 왕헌지(王獻之) 두 분의 명필과 견주어 평한 것은 당시 그 예(例)에 따른 것으로 믿어진다.

한편 정조 때 문신(文臣)이며 서예가(書芸家)인 조윤형(曺允亨)선생은 한붕공의 각종 서첩(書帖)을 열람하고 다음과 같이 극찬했다.

만향재(晚香齋) 엄군(嚴君)은 글씨 잘쓰기로 유명했다. 마침 3남 계응군(啓膺君)이 집에 보관중인 각종 서첩(書帖)을 보여 주었다. 그 필적(筆蹟)이 마치 무기(武器)에 들어가매 창과 칼 따위의 칼날이 삼엄(閃閃)한 무기를 보는 듯. 사람을 핍박(逼迫)하는 것 같았고, 의연함이 아무도 범접(犯接)할 수 없는 위엄(威嚴)을 갖추고 있다. 글씨가 어찌 그리도 씩씩하랴! 유아(柔雅)한 운치는 여러 명가(名家 : 名筆)보다는 조금 못하지만, 그 웅장하고 경건(勁健 : 筆力이 굳세고 健壯)함은 마땅히 한석봉(韓石峰)이후의 제 1자(者) '양기웅심경건(若其雄深勁健) 당위석봉후일인(當爲石峰後一人)'이라 할 수 있다.

한붕공은 1759년(정조 25)년 75세(歲)로 서거하시니 4남3녀를 남기셨다. 장남 계승(啓昇), 차남 계흥(啓興) 3남 계응(啓膺)은 모두 당시의 문필가(文筆家)였다.

엄 륜(嚴 綸)

조선조에 주부(主簿) 벼슬을 지냈다.

영월엄씨(寧越嚴氏) 명현(名賢)

엄 숙(嚴 璹)

초휘(初諱)는 인(璘), 자(字)는 유문(孺文), 호(號)는 오서(梧西)이며, 시호(諡號)는 숙헌(肅憲)이다. 수찬(修撰) 경수(慶遂)의 아들로 1716년(숙종 42)에 태어나서 1786년(정조 10)에 별세하였다.

1753년(영조 29) 생원시(生員試)에 합격하였고, 1757년 정시문과(庭試文科)에 병과(丙科)로 급제한 후 검열(檢閱)을 거쳐 교리(校理), 승지(承旨), 대사간(大司諫)을 역임하였으며, 1771년 형조참판(刑曹參判)에 올랐다.

1773년 동지부사(同知府使)로 청나라에 갔다가 이듬해 귀국하여 그 동안 기록한 일기(日記)를 간행했다. 뒤에 대사헌(大司憲)에 이르러 기로소(耆老所)에 들어갔다.

엄계흥(嚴啓興)

서예가(書藝家)로 이름이 높았다.

엄계응(嚴啓應)

자(字)는 치수(稚受), 호(號)는 약오(藥塢), 연석(燕石)이다. 한붕(漢朋)의 아들로 1737년(영조 13)에 태어나서 1816년(순조 16)에 별세하였다.

그림에 뛰어났으며 글씨와 시(詩)에도 능했다. 벼슬은 동지중

인물편(人物篇)

추부사(同知中樞府事)에 이르렀다.

엄 우(嚴 瑀)

조선조에 관직이 대사간(大司諫)에 이르렀다.

엄사만(嚴思晩)

조선조에 참판(參判)을 역임하였다.

사만(思晩)의 친필 유묵

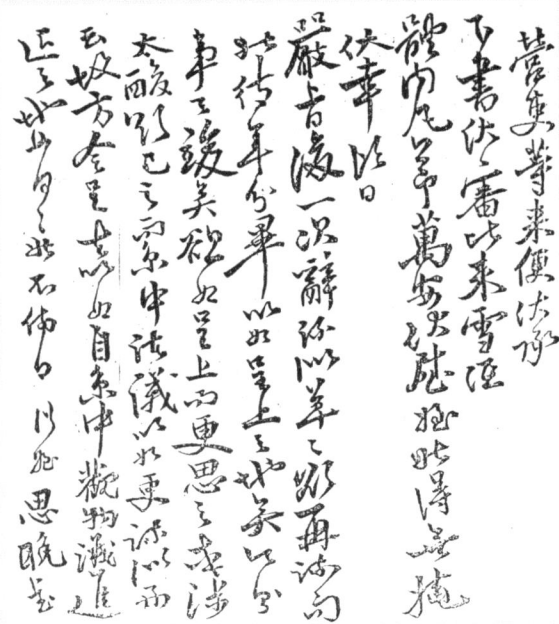

영월엄씨(寧越嚴氏) 명현(名賢)

엄치욱(嚴致郁)

조선조에 화가(畵家)로 명성을 얻었다.

엄 도(嚴 燾)

자(字)는 진여(晋汝)이다. 판서 숙(璹)의 손자이며, 사헌(思憲)의 아들로 사면(思勉)에게 출계(出系)하였다.

1813년(순조 13) 증광문과(增廣文科)에 병과(丙科)로 급제하였다. 1822년 교리(校理)로서 전년에 죽은 효의왕후(孝懿王后)의 빈궁(殯宮)을 옮겨야 한다고 직언(直言)했다.

후에 암행어사(暗行御史), 부시관(副試官), 부수찬(副修撰) 및 예방승지(禮房承旨) 등을 거쳐 헌종(憲宗)조에 참판(參判)에 이르렀다.

엄 기(嚴 耆)

조선조에 병조참판(兵曹參判) 직을 역임하였다.

엄돈영(嚴敦永)

조선조에 판서(判書)를 역임하였다.

엄석정(嚴錫鼎)

자(字)는 대우(大友)이며, 호(號)는 가당(稼堂)이다. 참판(參

判) 기(耆)의 아들로 1801년(순조 1)에 태어나서 1875년(고종 12)에 별세하였다.

1828년(순조 28) 진사(進士)가 되고, 헌종(憲宗) 때 당진현감(唐津縣監)을 역임하였다. 1844년(헌종 10) 증광문과(增廣文科)에 을과(乙科)로 급제하여 김해부사(金海府使)를 거쳐 1872년(고종 9) 이조판서(吏曹判書)에 올랐으며, 뒤에 대호군(大護軍)을 지냈다.

엄 질(嚴 垤)

조선조의 문신으로 1825년(순조 25) 7월 천안 군수로 도임하고, 1929년(순조 29) 11월 온양군수로 이배되었다.

엄세영(嚴世永)

자(字) 윤익(允翼), 호(號)는 범재(凡齋)이며, 시호(諡號)는 숙민(肅敏)이다. 석우(錫愚)의 아들로 1831년(순조 31)에 태어나서 1899년(광무 3)에 별세하였다.

1864년(고종 1) 증광문과(增廣文科)에 병과(丙科)로 급제하여 1874년 전라우도 암행어사(全羅右道暗行御史)가 되고 승지(承旨)에 올랐다.

1881년 신사유람단(紳士遊覽團)의 일원으로 일본을 시찰하고 돌아와 경리통리기무아문사(經理統理機務衙門事)가 되었다. 이듬해 대사성(大司成)에 승진하였고, 1884년 한성부좌윤(漢城府

左尹)을 거쳐 이듬해 인천부사(仁川府使)로 감인인천구통상사무(監理仁川口桶相事務)에 오르고, 1893년 대사헌(大司憲)에 이르렀다.

1885년(고종22) 영국 군함이 거문도(巨文島)를 점령하였을 때, 일본에 건너가 나가사키(長崎)에 정박중인 영국 함대 사령관 도웰 중장에게 항의를 하고 영국정부의 회답을 속히 전달할 것을 약속받고 돌아왔다. 이보다 앞서 1876년(고종13) 일본과 수호조약(修好條約)이 체결된 후 신진 인물들을 뽑아 일본에 파견할 때, 홍영식(洪英植)등 11명과 함께 일본에 다녀와서 일본과의 우호를 주장하였으므로 당시 사람들이 그를 개화파라 불렀다.

이듬해 동학혁명(東學革命)이 일어나자 삼남염찰사(三南廉察使)로 나아가 혼란한 민심을 수습했고, 이 해 갑오경장(甲午更張)으로 신내각이 수립될 때 농상공부대신(農商工部大臣)이 되었다.

엄흥묵(嚴興黙)

고종(高宗)조에 무과에 급제하였으며, 1890년(고종 27)에 만호(萬戶)를 지냈다.

엄주익(嚴柱益)

1920년에 태어났다. 천성이 순효하여 배우지 않아도 부모섬기는 도리를 스스로 깨달아 부드러운 얼굴빛과 공손한 태도로 부모를 대하며 혼정신성(昏定晨省)의 범절을 거르지 않아 양지

(養志)의 효도를 극진히했다.

　아버지가 풍증으로 자리에 눕자 동생 주창과 힘을 합해 지성으로 시탕했으나 효험이 없이 기거를 못하게 되었다. 이에 곁을 떠나지 않고 간호하며 대소변을 받아내고 병실 주변을 깨끗이 청소하여 악취가 나지 않도록 하기를 8년을 하루같이 계속하였다. 아버지가 천수를 누리고 세상을 뜨자 애통망극하며 예를 다하여 장례를 치른 후에는 3년동안 새벽에 일찍 일어나 묘소에서 호곡하니 사람들이 공을 '엄효자(嚴孝子)'라고 불렀다.

　어머니가 80에 이르러 노환으로 1년여를 자리에 누워 있게 되었을 때에도 밤낮을 가리지 않고 시탕했으며 인삼을 계속 복용케 하여 완쾌하였다. 공의 효성에 감탄한 비인향교(庇仁鄕校)에서 표창하였다.

엄성용(嚴成鏞)

　일휘(一諱)는 성윤(成允), 호(號)는 남강(南江)으로 1916년에 태어났다.

　어려서부터 효성이 지극해서 남다른 바가 있더니 10세에 아버지의 새치를 뽑으면서 눈물을 흘렸다고 한다. 14세 때에 아버지가 무릎의 종기로 오랫동안 고생하면서 백약이 무효하자 종처에 입을 대어 고름을 빨아내어 낫게 했다. 부모를 섬기는 공의 효성이 평생 동안 이와 같이 정성스럽더니 이 소문이 널리 퍼져 1977년 성균관(成均館)에서 명륜장(明倫章)이 내렸다.

영월엄씨(寧越嚴氏) 명현(名賢)

엄달하(嚴達河)

자(字) 경일(慶一)이며, 호(號)는 숙재당(肅齋堂)으로 1897년에 태어났다.

태어나면서부터 범상하였으며, 부모의 교은을 입어 행실이 단정하고 학업이 탁월하였다. 부친이 부종으로 신음하여 백방으로 약을 구하고 있었는데, 기이한 모습의 짐승이 오이를 등에 업고 오는지라 그것을 얻어 공양하니 부친 병이 씻은 듯이 나았다. 그 후 다시 부친 병이 위독하자 한시도 곁을 떠나지 않고 간호하며 오줌 맛을 보아 병을 헤아렸다. 부친상을 당해서는 3년을 하루같이 상옷을 벗지 않고 거친 음식을 먹었으며, 폭우가 쏟아지고 눈보라가 치는 날도 하루도 거르지 않고 성묘하였다.

모친 병환에는 뱀이 아니면 고치기 어렵다는 의사의 말을 듣고 눈이 쌓인 찬겨울 산속을 헤메이다 나무 구멍에서 뱀을 얻어 달여 드렸더니 병이 나았다고 한다. 모친상을 당해서는 부친상과 같이 지성으로 거상했으며 70이 넘어서도 성묘를 게을리 하지 않았다.

전국선행표창위원회와 성균관의 표창장이 내렸다.

엄종열(嚴鍾烈)

자(字)는 성삼(聖三)이며, 호(號)는 봉암당(鳳嚴堂)으로 1872년에 태어났다.

7세에 부친을 여의고 그 이듬해에 모친을 여읜 공은 숙부인

인물편(人物篇)

주교(柱敎)에게 입양하였다. 어려서부터 양부모에 대한 효성이 지극하여 가난한 가운데 부지런히 나무를 하여 팔아서는 부모를 극진히 공양하였다. 양부가 해소병으로 4년 동안을 신음하는데 자기 입으로 가래를 받아 뱉아냈으며, 설사병을 앓을 때는 대변 맛을 보아 병세를 헤아려 약을 썼다. 이와 같은 효성에 하늘도 감동했는지, 부모에게 물고기를 공양해 드리고자 냇가에 나가면 엄동설한에도 얼음이 스르르 녹아 쏘가리 두 마리를 잡을 수 있었고, 부모 병환에 약을 구하러 한밤중에 정선(旌善)에 다녀오노라면 호랑이가 나타나 호위하는 기적까지 나타났다.

부인 경주최씨(慶州崔氏) 또한 효성이 지극하여 부모 병환 중에는 깊은 산중에 단을 쌓고 기도드렸으며, 돌아오는 길에 과일을 얻어 부모에게 드렸더니 설사병이 저절로 멎었다고 한다. 또 시어머니 병환중에 지성껏 기도드리고 돌아와 보니 꿩 한 마리가 뜰에 있어 그 꿩을 잡아 공양하니 병이 씻은 듯이 나았다고 한다.

향리 유림의 주선으로 단양군 어상천면 임계리에 효자비가 세워졌다고 한다.

엄순헌귀비(嚴純獻貴妃)

순헌황귀비(純獻皇貴妃) 엄씨(嚴氏)는 1854년(철종 5) 음력 6월 6일 증찬정(贈贊政) 엄진삼(嚴鎭三)의 2남 2녀 가운데 장녀로 출생했다.

영월엄씨(寧越嚴氏) 명현(名賢)

  1859년(철종 10)에 아기 내인(內人)으로 입궁하여, 이후 고종 황제의 정실이신 중전 민비를 측근에서 모시는 시위상궁(侍衛尙宮)이기도 하였다. 만 32세 되던 1896년에 승은(承恩)을 하였으며, 이를 안 중전 민비가 해하려 하였으나 고종황제가 민비에 사정하여 궁 밖으로 나오게 되었다.

  조선 조정은 갑오년 1894년 음력 12월 17일에 홍범(洪範) 14조를 반포하였고, 이 때 왕실의 존칭을 한 항렬씩 상향해서 쓰도록 결정하였다. 을미년인 1895년 음력 8월 20일 일본공사 미우라 고로(三浦梧樓)의 흉계로 일어난 을미사변(乙未事變)으로 왕후(王后)가 시해되는 사건이 발생하였습니다. 민후(閔后)가 시해된 지 닷새 만에 고종은 엄상궁을 궁으로 들이니, 영친왕은 1897년에 태어났으며 1907년 황태자로 책봉되었고, 이토 히로부미(伊藤博文)에 의해 일본 유학이라는 명목아래 인질이 되어 일본에 끌려갔다. 인질이 되어 끌려간 지 4년째인 1911년 여름, 일본인들이 영친왕이 일본에서 지내는 모습을

순헌황귀비(純獻皇貴妃) 엄씨.

활동사진기로 찍어서 고종에게 보냈는데, 그 필름에는 영친왕이 군사훈련을 받으면서 주먹밥을 먹고 있는 모습이 있었는데 이를 본 엄비(嚴妃)는 극심한 충격을 받아 급체(急滯)를 일으켜서 이틀 뒤에 별세하였다.

순헌황귀비(純獻皇貴妃) 엄씨(嚴氏)는 고종황제의 계비로 구한말 폭풍우 앞에 촛불과 같은 이 나라 이 겨레를 계몽과 교육을 통해 구하려 한 여성 선구자의 한 사람이다.

귀비 엄씨는 생전에 서구 신식교육에 관심을 가지고 기독교 선교사들의 학교 설립과 교육운동에 크게 자극을 받아 한국 여성교육의 필요성을 인식하면서 이를 위한 학교 건립에 뜻을 두었다. 여학교를 설립할 기회를 찾고 있던 엄비는 1906년 4월에 진명(進明)여학교를, 5월에는 숙명(明淑)여학교의 전신인 명신(明信)여학교를 창설하고 이어 양정의숙(養正義塾)을 설립했다. 1906년 52세 되던 해에 당시 자주 만나던 정경부인(貞敬夫人) 이정숙(李貞淑)을 비롯한 몇몇 고관 부인들과 여학교 창립에 관한 의견을 나누게 되었다. 그리고 학교 살림의 구체적인 일은 친정 조카인 춘정(春庭) 엄주익(嚴柱益)에게 일임하였는데, 당시 군부참모장이었던 친정 조카에게 함평에 있는 국유지 논 40만 평과 자신의 내탕금으로 사두었던 개성의 논 33만 평 그리고 이천의 58만 평, 광양의 35만 평의 옥답을 내놓아 재단을 만들었다.

진명여학교를 세울 때는 군부총장이던 친정 사촌동생 엄준원을 시켜 경선궁 소속 재산인 강화군의 토지 전답 임야 등 1,118,154평과 부천의 토지 775,242평, 자하골의 1천평 대지와 기와집 1채

영월엄씨(寧越嚴氏) 명현(名賢)

영휘원(永徽園). 조선26대 고종황제의 후궁이며 영친왕의 생모인 순헌황귀비(純獻皇貴妃) 엄씨의 묘소. 사적 제361호. (서울 동대문구 청량리동 204-2)

를 재단으로 제공케 했다. 이런 엄비를 가리켜 당시 궁중에서는 도량이 넓고 두뇌가 명석하며 성품이 활달한 여걸이라고 일컬었다. 사재를 들여 일시에 양정 진명 명신 세 학교를 설립한 구국의 큰 뜻을 세운데서 엄비가 보통 여성은 아니었음을 짐작할 수 있다. 명신여학교는 창립 5주년에 다시 재단을 확대하여 숙명여학교라 개칭하였다.

당시 사람들은 이 세 학교를 양반학교 또는 세 오누이 학교라고 불렀는데, 진명여학교는 여성교육 기관이면서도 서양식 교육을 지향하게 하였고, 명신여학교는 귀족 여학교를 표방하여 귀족층의 영양(令孃)들을 학교로 받아들였다. 양정의숙은 남학생들을 대상으로 경제학을 가르쳤다. 귀비 엄씨는 학교 설립 후 학교 교육과 운영에 소요되는 모든 경비를 궁에서 하사하였고, 학교 안에 기숙사를 만들어 일체의 비용을 학교에서 부담했다. 특히 궁내의 내인들도 숙명여학교에 입학하여 통학하게 해서 교육을 받도록 했다. 귀비 엄씨가 세운 진명, 숙명과 설립을 지원한 양정학교는 근대 민족교육의 산실로써 오늘날까지 발전을 거듭해오고 있다.

귀비 엄씨는 나라를 잃은 슬픔과 일본에 볼모로 간 아들에 대한 그리움에 사무쳐 지내다가 1911년 58세로 눈을 감아 청량리 영휘원에 안장되었고, 신위는 덕안궁에 모셨다가 육상궁(칠궁)에 모셔져 있다.

영월엄씨 문과급제자(寧越嚴氏 文科及第者)

*王朝順

엄 간(嚴 幹)
유학(幼學), 태종 14년 갑오(甲午), 친시(親試), 을과(乙科)

엄송수(嚴松壽)
현감(縣監), 세조 14년 무자(戊子), 춘장시(春場試), 병과(丙科)

엄효량(嚴孝良)
훈도(訓導), 성종 7년 병신(丙申), 별시(別試), 병과(丙科)

엄 흔(嚴 昕)
생원(生員), 자(字) 계소(啓昭), 호(號) 십성당(十省堂)
중종 23년 무자(戊子), 식년시(式年試), 갑과(甲科)

엄 성(嚴 惺)
진사(進士), 자(字) 경보(敬甫), 호(號) 동강(桐江),
광해 4년 임자(壬子), 증광시(增廣試), 을과(乙科)

엄정구(嚴鼎耉)
유학(幼學), 자(字) 중숙(重叔), 호(號) 창랑(滄浪),

인물편(人物篇)

인조 8년 병오(庚午), 별시(別試), 병과(丙科)

엄 즙(嚴 緝)
유학(幼學), 자(字) 경정(敬正), 호(號) 만회(晩悔),
현종 14년 계축(癸丑), 정시(庭試), 병과(丙科)

엄 륜(嚴 綸)
사맹(司猛), 자(字) 사정(士正), 호(號) 노송(老松),
숙종 4년 무오(戊午), 증광시(增廣試), 갑과(甲科)

엄경운(嚴慶運)
참봉(參奉), 자(字) 태래(泰來), 호(號) 동천(東川),
현종 23년 정축(丁丑), 정시(庭試), 갑과(甲科)

엄경수(嚴慶遂)
진사(進士), 자(字) 충성(沖成), 호(號) 부제(孚齊),
현종 30년 을유(乙酉), 증광시(增廣試), 병과(丙科)

엄한중(嚴漢重)
진사(進士), 자(字) 자정(子鼎), 호(號) 용호(龍湖),
숙종 32년 병술(丙戌), 정시(庭試), 병과(丙科)

영월엄씨 문과급제자(寧越嚴氏 文科及第者)

엄택주(嚴宅周)

유학(幼學), 자(字) 관보(觀甫), 영조 원년 을사(乙巳), 증광시(增廣試), 병과(丙科)

엄경하(嚴慶遐)

현감(縣監), 자(字) 계장(季長), 호(號) 가은(稼隱), 영조 3년 정미(丁未), 증광시(增廣試), 병과(丙科)

엄 우(嚴 瑀)

유학(幼學), 자(字) 하옥(夏玉), 영조 15년 을미(乙未), 알성시(謁聖試), 병과(丙科)

엄 수(嚴 璹)

생원(生員), 자(字) 유문(孺文), 호(號) 오서(梧西), 영조 33년 을축(乙丑), 정시(庭試), 병과(丙科)

엄사헌(嚴思憲)

유학(幼學), 자(字) 사정(士貞), 영조 47년 신묘(辛卯), 정시(庭試), 병과(丙科)

엄사만(嚴思晚)

도사(都事), 자(字) 과회(寡悔), 영조 50년 갑오(甲午), 증광시(增廣試), 병과(丙科)

인물편(人物篇)

엄사언(嚴思彦)

통덕랑(通德郎), 자(字) 치용(穉容), 정조 14년 경술(庚戌), 증광시(增廣試), 병과(丙科)

엄 기(嚴 耆)

진사(進士), 자(字) 백영(伯英), 호(號) 유여제(留餘齊), 정종 14년 경술(庚戌), 증광시(增廣試), 병과(丙科)

엄 도(嚴 燾)

진사(進士), 자(字) 진여(晋汝), 순조 13년 계유(癸酉), 증광시(增廣試), 병과(丙科)

엄석리(嚴錫履)

유학(幼學), 자(字) 문상(文祥), 순조 28년 무자(戊子), 식년시(式年試), 을과(乙科)

엄석정(嚴錫鼎)

령(令), 자(字) 문우(文友), 호(號) 학가당(學稼堂), 헌종 10년 갑진(甲辰), 증광시(增廣試), 을과(乙科)

엄돈영(嚴敦永)

유학(幼學), 자(字) 혜숙(惠叔), 철종 3년 임자(壬子), 무년시(武年試), 병과(丙科)

영월엄씨 문과급제자(寧越嚴氏 文科及第者)

엄세영(嚴世永)

진사(進士), 자(字) 윤익(允翼), 호(號) 범재(凡齋), 고종 원년 갑자(甲子), 증광시(增廣試), 병과(丙科)

엄석관(嚴錫瓘)

유학(幼學), 자(字) 군보(君甫), 고종 3년 병인(丙寅), 정시(庭試), 을과(乙科)

엄주한(嚴柱漢)

진사(進士), 자(字) 응여(應汝), 고종 11년 갑술(甲戌), 증광시(增廣試), 병과(丙科)

엄주영(嚴胄永)

진사(進士), 자(字) 성교(聖敎), 고종 14년 정축(丁丑), 정시(庭試), 병과(丙科)

엄익조(嚴益祚)

유학(幼學), 고종 22년 을유(乙酉), 정시(庭試), 병과(丙科)

엄복연(嚴復淵)

유학(幼學), 고종 27년 경인(庚寅), 경과(慶科), 병과(丙科)

인물편(人物篇)

엄주완(嚴柱完)

진사(進士), 자(字) 자전(子全), 호(號) 수당(遂堂),
고종 29년 임진(壬辰), 별시(別試), 을과(乙科)

영월엄씨 독립운동가(寧越嚴氏 獨立運動家)

*가나다順

엄건섭(嚴建燮)

선생은 양구군 사람으로 천도 양구교구 간부이다. 1919년 4월 3일 양구면에서 천도교인들이 주동으로 교인 수십 명과 군중 다수가 동원되어 독립만세 시위 운동을 거행하였을 때 주동자의 한 사람으로 피체되어 옥고를 치렀다.

엄경섭(嚴敬燮)

선생은 봉천성 유하현 주가가(奉天省 柳河縣 周家街)에서 중국 공산당 만주성 위원회 유하현위원회 당원으로 활약하였고, 일제의 조선 총독부 경무국의 요시찰 인물로 지목되었다.

엄관수(嚴寬洙)

선생은 1894년생으로 화요계(火曜系) 공산당원으로 길림성(吉林省) 영안현(寧安縣) 마창(馬廠)으로 건너가 중국 공산당 만주성위원회 영안현위원 유격대원으로 일제의 조선 총독부 경무국의 요시찰 인물로 지목되었던 사람이다.

엄기중(嚴基重)

선생은 1920년 8월에 임시정부 연통제 함경남도 함흥군 연통제 직원으로 왜경에 피체되어 수형하였다.

엄기환(嚴基桓)

선생은 중국 상해 교민으로 1919년 6월 12일 상해에서 김성근(金聲根)의 주동으로 구국 모험단을 조직하였을 때 단원으로 가담하였다. 본부를 상해(上海) 장빈로(長濱路) 애인리(愛仁里) 24호에 두고 국내의 암적 암살 및 관철 파괴를 목적으로 폭탄을 제조하여 국내로 운반하던 도중 봉천성내 대성관에서 그중 1개가 터져 모두 목숨을 잃었다.

엄대만(嚴大萬)

선생은 전남 장흥군 장평면 사람으로 천도교 신자다. 1919년 3월 15일 읍내에서 교인들과 주동으로 장평면 동원 책임을 맡아 교인과 군중 수백 명을 동원하여 독립만세 시위운동을 거행하고 피체되어 옥고를 치렀다.

엄길영(嚴吉永)

선생은 전북 임실군 강진면 갈담리 사람이다. 1919년 3월 23일 갈담 장날을 이용하여 이중혁(李重赫)과 같이 주동하여 군중

영월엄씨 독립운동가(寧越嚴氏 獨立運動家))

수백명을 동원시켜 독립만세 시위 운동을 거행하다가 피체되어 1년 6월형을 받고 옥고를 치렀다.

1983년 건국 공로 대통령 표창을 추서하였다.

엄대성(嚴大成)

선생은 1919년 3.1독립운동이 일어나자 이에 가담하여 독립만세 시위운동을 전개하였다.

1986년에 건국공로 대통령 표창을 수상하였다.

엄도해(嚴道海)

선생은 여주 사람으로 엄환섭(嚴桓燮)의 영제(令弟)이다. 1919년 기미 임시정부에서 활약하였으며, 1927년 한국 국민당 간부로 활약하는 한편 1932년 윤봉길(尹奉吉)의사 선서 사진을 촬영한 바 있다. 1937년 한국 독립당 청년부장 등을 역임하였고, 1944년 한국 광복군 제 3지대 합동훈련대 대장겸 교관으로 활동하였으며, 1949년 6.25사변 당시 북한군에게 피살되었다.

엄동섭(嚴東燮)

선생은 봉천성(奉天省) 유하현(柳河縣) 내산자(來山子)로 건너가 중국 공산당 만주성위원회 유하현(柳河縣)위원회 당원으로 활약하였으며, 일제의 조선 총독부 경무국의 요시찰 인물로 지목되었던 사람이다.

엄무영(嚴武永)

선생은 봉천성(奉天省) 유하현(柳河縣)에서 중국 공산당 만주성 위원회 유하현위원회 위원으로 활약하였으며, 일제의 조선총독부 경무국의 요시찰 인물로 지목되었던 사람이다.

엄성훈(嚴成勳)

선생은 철원군 서변면 사람이다. 1919년에 상해임시정부 독립운동을 돕기 위하여 조직된 애국단 강원도단 철원군단에 가입하여 활약하다가 1920년에 피체되어 경성지법에서 유죄판결을 받고 옥고를 치렀다.
1963년 3월 1일 건국공로 대통령 표창을 추서하였다.

엄송여(嚴松汝)

선생의 일명은 왕위(王衛)이며, 개성 사람이다.
1935년 중국 낙양군관학교를 졸업하고 애국단의 밀령으로 국내 공작대원으로 국내에 잠입도중 신의주에서 일경에 피체되었다. 그 후 경성형무소에서 징역 2년을 복역하였고 8.15후 오광선(吳光鮮)과 같이 광복군 국내지대를 창설하는 한편 국군에 입대하여 육군대령으로 예편하였다.

영월엄씨 독립운동가(寧越嚴氏 獨立運動家))

1977년 12월 13일 건국공로 대통령 표창을 수상하였다.

엄순봉(嚴舜奉)

선생의 일명은 엄형순(嚴亨淳)이며, 경북 영덕군 영양 사람이다. 1933년에는 북만에서 한족총연합회의 청년부장을 역임했고, 재만 조선인 아나키스트연맹에 가입하여 백정기(白貞基), 정화암(鄭華岩)등과 함께 상해로 가서 전105인사건의 한사람으로 섭절(燮節)한 옥관빈(玉觀彬)을 처단하였다. 이후 상해 남화한인 동맹원으로 일본공사 유길명(有吉明)을 암살하려다 미수에 그쳤고, 1934년 3월 25일 상해 조선인 거류민 회장이며, 악질 친일파인 이용로(李容魯 : 일명 崇魯)를 살해하였으며, 일경에게 피체되어 1938년 4월 9일 사형되었다.

1963년 대한민국 건국공로 훈장 단장(單章)이 수여되었다.

엄순영(嚴淳永)

선생은 1905는 을사조약을 반대하여 1906년 5월 11일 조산지치(鴻山支峙)에서 이용규(李容珪) 등 다수 인사들이 거의하고 민종식(閔宗植)을 의병대장으로 추대하여 휘하의 좌우사소모장으로 홍주성 함락을 성공하였으나 공방전을 벌이다가 패하였다. 이후 다시 거의하려고 계획하다 다수 인사들이 피체되어 실패하였다.

엄승도(嚴承道)

선생은 선천 사람이다. 만주에 있는 대한 청년단 연합회 국내 공작원으로서 의주지방으로부터 선천 등지까지 독립신문, 각 기관의 지령, 포고문, 경고문 등을 전달 배포하였다. 군자금 모금요원으로 협력하다가 피체되어 평양복심법원에서 징역 10년형을 받고 경성 마포 감옥으로 이감되어 복역하였다.

엄용복(嚴龍福)

선생은 충주군 금가면 도촌리 사람이다. 1919년 4월 충주장날을 이용하여 충주 간이 농업학교 학생, 공립보통학교 학생, 예수교회 측 인사들과 독립만세 시위운동을 거행하려고 결의한 것이 일헌병에게 발각되어 거사는 실패하고 이로 인하여 악형을 당하였다.

엄유섭(嚴悠燮)

선생은 전주 농업학교 재학시 1941년 11월 8일 김상권(金相權)외 20여명과 함께 밀회학우회를 조직 서명날인으로 맹서한 후 10일에 맹휴에 들어가 시위하였다.

엄윤식(嚴允植)

선생의 본적은 함남 함흥군 함흥면 동양리 226번지이다.

18세로 함흥공립 상업학교 3학년생이었던 1930년 1월 함흥 영생중학교 독립만세 시위운동에 참가 활동하다가 피체되어 1930년 3월 27일 경성복심법원에서 징역 4월형을 받았다.

엄윤영(嚴允榮)

선생은 평산군 인산면 기린리 사람이다. 1919년 3월 31일 기린장날을 이용하여 군중 6백여 명과 함께 독립만세 시위운동을 거행하였다.

엄익근(嚴益根)

선생의 일명은 왕인석(王仁石)이며, 평남 용강군 용월면 사람이다. 중국대륙에서 한국 광복군에 입대하여 항전하였다.
1982년 건국공로 대통령 표창을 추서하였다.

엄인섭(嚴仁燮)

선생은 을사조약(乙巳條約)이 체결되자 국운이 기울어짐을 개탄하고 블라디보스톡에 건너가 전제덕(全齊德)의 의병(義兵)부대에 가입하였다. 1908년 좌군영장(左軍營將)이 되어 우군령장(右軍領將)인 안중근(安重根)과 함께 경흥(慶興)에 들어가서 일본 수비대(守備隊)와 교전하여 수명을 사살하고 이어 국경지역의 여러 수비대를 습격하여 전과(戰果)를 올렸으나 많은 부하를 잃고 철수했다. 뒤에 시베리아에서 농업에 종사했다.

엄일봉(嚴日峰)

선생은 1920년 8월에 임시정부 연통제 함경남도 함흥군 연통제 직원으로 왜경에 피체되어 수형하였다.

엄일우(嚴一友)

선생의 일명은 엄일청(嚴一靑)이며, 평북 의주군 비현면 사람이다. 중국 대륙에서 한국광복군에 입대하여 항전하였다. 1963년 8월 15일 건국공로 대통령 표창을 추서하였다.

엄재항(嚴載享)

선생은 조국광복을 목적으로 1919년 8월 11일 강원도 철원군 동송면에 있는 도피안사(到彼岸寺)에서 동지 이봉하(李鳳夏), 이용우(李用雨), 강대려(姜大呂), 김재근(金載槿), 박연서(朴淵瑞), 박건병(朴建秉), 김완호(金完鎬), 김철회(金喆會), 박용만(朴容萬), 김세준(金世俊), 조종대(趙鍾大), 오세덕(吳世悳), 박용철(朴容喆), 박용각(朴容珏)등과 함께 비밀결사하여 철원 애국단을 조직하고 단장에 이봉하(李鳳夏), 부단장(副團長)에 이용우(李用雨)를 선임하여 활약 하였다. 또한 상해 임시 의정원 의원으로도 활약하였다.

영월엄씨 독립운동가(寧越嚴氏 獨立運動家))

엄정섭(嚴正燮)

선생은 충청북도 중원(中原)출신이다. 1916년 박상진(朴尚鎭), 임세규(林世圭)등과 대구에서 광복회(光復會)를 조직하고 군자금모집과 항일투쟁(抗日鬪爭)을 전개하면서 1917년 칠곡의 친일당수 장승원(張承遠)의 사살계획에 가담했다. 이듬해 이종국(李鍾國)의 배반으로 광복회에 검거선풍이 불자 김홍경(金弘卿), 김세진(金世鎭) 등으로 이름을 바꾸고 독립투쟁(獨立鬪爭)을 계속했다. 광복회사건(光復會事件)으로 총독부(總督府)의 궐석재판에서 사형(死刑)을 선고받았다.

엄정운(嚴廷勳)

선생은 영월군 주천면 사람이다. 보통학교 학생 신분으로 영월읍의 남쪽 합수거리에서 학생들과 모여 독립만세 시위운동을 거행하려고 추진중 4월 15일 피체되어 실패하였다.

엄주동(嚴柱東)

선생은 충북 진천군 화평면 사람으로 북만으로 건너가 대종교에 입교하여 서일(徐一), 윤세복(尹世復) 등과 함께 항일 독립운동에 헌신하였다.
1977년 12월 13일 건국 공로 포장을 추서하였다.

엄주신(嚴柱信)

선생은 함안군 칠원면 구성리 사람이다. 1919년 3월 24일과 4월 3일 칠원장날을 이용하여 엄주신 등 수명과 함께 주동하여 군중 8백여 명을 동원하여 독립만세 시위운동을 거행하고 피체되어 옥고를 치렀다.

엄주련(嚴柱璉)

선생은 1920년 비밀조직된 한국독립후원 의용단에 가담하여 군자금 모금 운동을 하던 중 1923년 동지 30여명과 함께 왜경에 피체되어 대구 경찰서 고등계에 구류되어 옥고를 치렀다.

엄주태(嚴柱泰)

엄우영(嚴宇永)의 4남으로 경남 양산군 중부동에서 1900년 10월 18일에 태어났다.

선생은 1919년 3월 독립선언과 만세 시위운동이 전국적으로 확대되자 양산읍에서는 전병건(全秉健), 박삼도(朴三道), 정주봉(鄭周奉), 안덕원(安德元), 강재호(姜在鎬), 전병한(全秉翰) 등과 주동으로 태극기와 선언서를 다량 등사하여 3월 27일 양산읍 시장에서 군중 3천여 명과 함께 독립만세 시위운동을 주도하였다. 시위 도중 피체되어 부산지방법원을 거쳐 1919년 5월 28일 대구 복심법원에서 출판법, 보안법 등 위반 죄명으로 2년 6월형을 받고 복역하였다.

1986년 건국공로 대통령 표창을 추서하였다.

엄주필(嚴柱弼)

선생은 1910년 노령 해삼위(海蔘威)에서 최재향(崔在亨) 등과 의병을 일으켜 항전하였으며, 1920년 일본군이 시베리아에 출병하여 쌍성을 점령할때에 김리직(金理直), 황경섭(黃景燮), 최재향(崔在亨) 등과 함께 일본군에게 피살되었다.

엄 준(嚴 俊)

선생은 경상남도 울산군 하상면 사람이다. 1919년 3월 3일 서울에서 유학하던 한명조(韓命祚), 이영호(李永浩)로부터 3.1독립선언의 소식을 전해듣고 청년회 간부였던 양석용(楊錫龍), 이현우(李鉉雨), 이종욱(李鍾旭), 이문조(李文祚), 박영하(朴永夏), 김장수(金長壽), 이종근(李鍾根) 등과 함께 주동하여 4월 5일과 6일 양일간 독립만세 시위운동을 계속하였다. 이에 일군경이 난사한 총탄에 맞아 문성초(文星超), 주사문(周士文), 김응용(金應龍) 등과 4인과 같이 현장에서 순국하였다.

1945년에 옥천암에 위패(位牌)를 모셨고, 1955년 영모각을 수리하여 삼일사(三一祠)로 명명하여 매년 4월 6일 봉제(奉祭)를 올리고 있다.

1982년 건국공로 대통령 표창을 추서하였다.

엄 준(嚴 俊)

선생은 만주 북간도 교민이다. 1919년 5월 임시정부 연통제 간북 북부총판부 서기로 임명되어 독립 운동에 헌신하였다.

엄준섭(嚴俊燮)

선생은 장진군 사람이다. 1919년 3월 14일 고토리에서 지방 유지들의 주동으로 군중 2백여 명이 동원되어 독립만세 시위운동을 거행하였을 때 주동자의 한사람으로 피체되어 보안법 위반 죄명으로 옥고를 치렀다.

엄진영(嚴進永)

선생은 경남 동래군 칠산면 사람이다. 경남 동래고등보통학교 학생이었던 1919년 3월 13일, 동래 장날을 이용하여 동료들과 주동으로 군중들과 함세하여 태극기를 흔들면서 독립만세 시위운동을 거행하다가 피체되어 옥고를 치렀다.
1977년 12월 13일 건국공로 대통령 표창을 추서하였다.

엄창섭(嚴昌燮)

선생은 전북 익산군 능포면 사람이다. 1919년 익산에서 3.1독립운동이 일어났을 때 고상준(高相俊) 등 여러 명과 태극기 천

영월엄씨 독립운동가(寧越嚴氏 獨立運動家))

여 매를 만들어 배포하고 독립만세 시위운동을 진행하다가 왜경에게 피체되어 3년간 수형하였다. 출옥 후 민족사상계몽대를 조직하여 대장으로 군산, 만경, 김제를 순회하며 강연하다가 부안에서 피체되었다.

1980년 건국공로 대통령 표창을 추서하였다.

엄창수(嚴昌樹)

선생은 전북 금산군 금산면 사람이다. 1919년 3월 독립선언 후 국내에서 항일 독립운동에 투신하여 항전하였다.

1980년 건국공로 대통령 표창을 추서하였다.

엄춘섭(嚴春燮)

선생은 함북 경성 사람이다. 1919년에 함북 연통제를 조직하고 활약하다가 피체되어 8월형을 받고 복역하였다.

엄치인(嚴致仁)

선생은 고원군 사람이다. 1919년 3월 19일 공원읍 아래 시장에서 기독교인들의 주동으로 교인 1백여 명과 군중 5백여 명이 모여 독립만세 시위운동을 거행하였을 때 피체되어 옥고를 치렀다.

엄태식(嚴兌植)

선생의 일명은 기손이며, 1907년 함경남도 흥원군 용운면 신덕리 575번지에서 출생하였다. 1930년 흥원농민조합사건으로 도피하였으며, 일제의 조선 총독부 경무국의 요시찰 인물로 지목되었던 사람이다.

엄항섭(嚴恒燮)

선생은 1898년 1월 1일 경기도 시흥군 서이면 안강리 999번지에서 출생하였다. 1922년 11월 절강성 항주 지강대학을 졸업하고 상해 법조계에서 대한민국 임시정부에 가입하여 김구(金九) 등과 연락하면서 활약하였다. 일제의 조선총독부 경무국의 요시찰 인물로 지목되었던 사람이다.
1989년 3월 1일 건국공로 국민장을 추서하였다.

엄항해(嚴恒海)

선생은 평북 철산군 사람이다. 1919년 11월 임시정부 조사원으로 임명되어 평북 철산군 지역의 조사 업무를 담당하여 실행하였다.

엄항윤(嚴海潤)

선생은 1905년 을사조약을 반대하여 1906년 가을 영동군 상촌면 직평에서 노응규(盧應奎), 서단구(徐段九) 등과 거의하고 선봉장으로 활동하였다. 이후 1907년 1월 21일 황간에서 피체되어 동년 7월에 장연군 백령도에 7년 유배형을 받았다.

엄홍규(嚴弘奎)

선생은 1919년 10월 만주 안도현 내도산에서 대한 정의군 정사를 설립하고 사포대 중대장으로 선임되어 활약하였다.

참고문헌(參考文獻)

『삼국사기』(三國史記)

『삼국유사』(三國遺事)

『고려사』(高麗史)

『고려사절요』(高麗史節要)

『조선왕조실록』(朝鮮王朝實錄)

『고려공신전』(高麗功臣傳)

『국조인물고』(國朝人物考)

『국조방목』(國朝榜目)

『동국여지승람』(東國輿地勝覽)

『고려명신록』(高麗名臣錄)

『독립운동사』(獨立運動史)

『각성씨세보』(各姓氏世譜)

『성씨의고향』(姓氏의故鄕)

『한민족대성보』(韓民族大姓譜)

『한국문화유적총람』(韓國文化遺跡總攬)

『대동방씨족원류사』(大東方氏族源流史)

『한국의전통예절』(韓國의傳統禮)

『한국성씨총감』(韓國姓氏總鑑)

『한국인명대사전』(韓國人名大辭典)

『성씨대보총람』(姓氏大譜總覽)

영월엄씨(寧越嚴氏) 이야기

2014 年 11 月 3 日 인쇄
2014 年 9 月 25 日 발행
편 저 : 성씨이야기편찬실
발 행 : 올린피플스토리

출판등록 : 제 25100 - 2007 - 000017 호
주 소 : 서울특별시 강동구 구천면로 18길 23호
홈페이지 : http://www.ollinpeople.co.kr
전 화 : 070) 4110 - 5959
팩 스 : 02) 476 - 8739
정 가 : ₩ 19,800

I S B N : 979-11-5755-094-4

* 파손된 책은 바꾸어 드립니다.